Antje Rittermann und Susann Rittermann

WERKSTATT

Antje Rittermann und Susann Rittermann

WERKSTATT HOLZ

Techniken und Projekte
für Kinder

Haupt Verlag

IMPRESSUM

Idee und Konzept:
Susann Rittermann, NL-Amsterdam

Projekte:
Antje Rittermann, D-Stuttgart und die
Kinder der Holzwerkstatt des Friedrich-Eugens-
Gymnasiums Stuttgart und der Schnitzkurse
D-Nonnevitz auf Rügen
Susann Rittermann und die Kinder von
Het Kinderatelier, NL-Amsterdam

Texte: Antje Rittermann

Zeichnungen: Antje Rittermann

Bildnachweis:
Oliver Louter, NL-Amsterdam: Fotos auf den
Seiten 6, 8, 104, 133
Oliver Louter und Susann Rittermann,
NL-Amsterdam: Fotos auf den Seiten 13 und 53
Susann Rittermann: Fotos auf den Seiten 6, 8,
13, 14, 53, 55, 70, 83, 84, 95, 105, 114, 121, 155,
174, 175 und Umschlagrückseite
Bruno Rittermann: Umschlagbild vorne, Foto
vordere Klappe und Umschlagrückseite, Fotos
auf den Seiten 6, 11, 20, 22, 23, 27, 30, 31, 34,
36, 38, 46, 51, 55, 66, 85, 91, 104, 114, 115, 122,
127, 140, 141, 144, 145, 163, 166, 167, 180, 182,
184, 186
Antje Rittermann: Fotos auf den Seiten 6, 11,
17, 19, 20, 22, 23, 24, 26, 34, 40, 43, 54, 55, 56,
65, 68, 71, 72, 74, 77, 85, 87, 93, 94, 97, 103,
106, 109, 113, 115, 117, 123, 124, 125, 134, 135,
136, 137, 148, 151, 153, 154, 155, 158, 162, 167,
171, 172, 175, 179, 188, 190, 195, 196, 198
Figuren auf der vorderen Klappe von:
Masa, 11 Jahre, und Zia, 9 Jahre

Filme: Bruno Rittermann, Antje Rittermann

Lektorat: kreisrund/Claudia Huboi, D-Berlin

Gestaltung/Layout: Grams undfreunde,
D-Marbach am Neckar

Bibliografische Information der Deutschen
Nationalbibliothek: Die Deutsche Nationalbibliothek verzeichnet diese Publikation in der
Deutschen Nationalbibliografie; detaillierte
bibliografische Daten sind im Internet über
http://dnb.dnb.de abrufbar.

ISBN 978-3-258-60080-2
Alle Rechte vorbehalten.
Copyright © 2014 Haupt Bern

Jede Art der Vervielfältigung ohne Geneh-
migung des Verlages ist unzulässig.

Wünschen Sie regelmäßig Informationen
über unsere neuen Titel zum Gestalten?
Möchten Sie uns zu einem Buch ein Feedback
geben? Haben Sie Anregungen für unser
Programm? Dann besuchen Sie uns im Internet
auf www.haupt.ch. Dort finden Sie aktuelle
Informationen zu unseren Neuerscheinungen
und können unseren Newsletter abonnieren.

www.haupt.ch
Printed in Germany

FSC
www.fsc.org

MIX
Papier aus verantwor-
tungsvollen Quellen
FSC® C012425

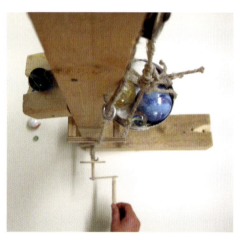

Wir lieben es, mit Holz zu arbeiten. Wie ist es mit dir?

Ganz gleich, ob du schon viel mit Holz gearbeitet hast oder nicht: Mit diesem Buch wollen wir dich ermuntern, den Werkstoff zu erkunden – vom Schnitzen übers Holzwerken bis zum Holzbildhauern.

Ob raspeln, sägen oder bohren: Hier lernst du verschiedene Holzbearbeitungstechniken kennen. Und damit du das Gelernte rasch ausprobieren kannst, gibt's zu jeder Technik mehrere Projekte.

Zwerg oder Muskelprotz? Lastkahn oder Jeep? Oder lieber eine echte Murmelwippe? Dieses Buch versammelt viele Projekte, die sich Kinder ganz allein ausgedacht haben. Das kannst du auch! Wir zeigen dir, wie du deine Ideen und Entwürfe selbst umsetzen kannst.

Du liest nicht gerne lange Anleitungen? Macht nichts. Dann richtest du dich einfach nach den ausführlichen Zeichnungen zu den Projekten. Übrigens: Du brauchst keine perfekt eingerichtete Holzwerkstatt. Viele der Arbeiten sind auf einer Bank, mitten im Wald oder auf einem Zeltplatz entstanden. Wir haben Schwemmholz* gesammelt, herabgefallene Äste aufgehoben und Holzreste auf Baustellen geschenkt bekommen. Mit Schnitzmesser, Säge, Bohrer, Leim, Schraubzwinge, Hammer und Nägeln hast du das wichtigste Basiswerkzeug schon zusammen.
Also, worauf wartest du noch?

Wir wünschen dir viel Spaß,
Antje und Susann Rittermann

EINLEITUNG

Bei diesem Zeichen findest du einen wichtigen Sicherheitshinweis. Außerdem gibt es auf Seite 198 wichtige Sicherheitsinformationen im Überblick.

*   Zu Wörtern mit Sternchen kannst du im Glossar ab Seite 202 mehr erfahren.

Das ist ein Text für unsere erwachsenen Leser. Aber vielleicht interessiert er dich auch?

Hier gibt's besondere Tipps und Tricks.

Die QR-Codes verweisen auf kurze Filme zum Thema. Sie sind auf der folgenden Website zu finden:
http://www.haupt.ch/werkstatt-holz/

SCHNITZEN

MATERIAL

1 RINDE – BAST

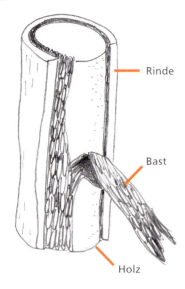

Rinde

Bast

Holz

2 BLATT

3 FRUCHTSTAND

Zum Holzschnitzen verwendest du am besten Lindenholz. Es ist schön weich, dichtfaserig und hat eine gleichmäßige Struktur. Lindenholz kannst du gut an seiner Rinde erkennen: Unter der äußeren Rindenschicht, der Borke, findest du den für Lindenholz typischen großporigen rotbraunen Bast. Das ist eine dicke, weiche Gewebeschicht, eine Art Fadengeflecht, die schon in der Frühzeit zu Netzen oder Seilen verarbeitet wurde.

1 Meistens kannst du den Bast leicht mit den Fingern abziehen. Das darunter liegende Holz ist glatt, gelblich weiß und hat einen leichten Seidenschimmer **4**.

Lindenholz duftet angenehm süßlich. Du kannst am Holz riechen und dir den Geruch einprägen. Denn genau wie bei Eiche oder Robinie ist der Geruch ein sicheres Erkennungsmerkmal.

2 Lindenbäume erkennst du gut an ihren herzförmigen Blättern und ihren Blüten.

3 Die lange nach dem Laubabfall am Baum hängenden Fruchtstände sind nicht zu übersehen. Kleinere herabgefallene Lindenäste kannst du draußen aufsammeln. Oder du besorgst sie dir bei Baumschnittarbeiten im Winter. Keinesfalls solltest du von einem Baum einfach einen Ast absägen!

Fichten- und Kiefernhölzer sind ebenfalls recht weich und zählen zu unseren gebräuchlichsten Nutzhölzern.

5 Kiefernholz hat lange, harte Fasern und eine deutlich sichtbare Maserung*. Die dunklen, harzreichen Linien sind härter, die hellen Bereiche sind weicher. Das macht vor allem die Bearbeitung von Hirnholzstellen* schwierig.
Beim Schnitzen splittert Kiefernholz leicht in Faserrichtung. Wenn du dies berücksichtigst, kannst du auch Dachlatten* aus dem Baumarkt als Schnittzholz verwenden. Es gibt sie sägerau oder gehobelt, wie du auf dem Foto rechts sehen kannst.

6 Kiefernrinde lässt sich noch leichter als Lindenholz bearbeiten und eignet sich gut für kleine Boote.

Für alle im Buch gezeigten Schnitzarbeiten haben wir Lindenholzäste, Dachlatten und Kiefernrinde verwendet. Natürlich kannst du auch jedes andere Holz zum Schnitzen sammeln.

WERKZEUG

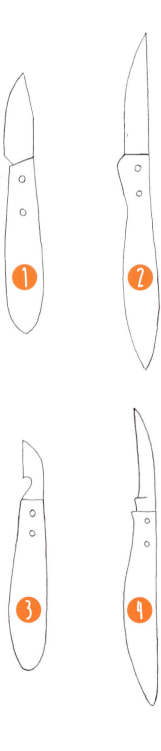

Zum Schnitzen benötigst du nur ein Messer. Wähle für den Anfang ein Messer mit kurzer Klinge, da sich dieses leicht handhaben lässt. Wichtig ist, dass dein Schnitzmesser gut in der Hand liegt. Es darf nicht zu groß und zu schwer sein. Im Werkzeughandel gibt es Schnitzmesser mit unzähligen Griff- und Klingenformen. Hier siehst du eine Auswahl.

1 Messer mit kurzer breiter Klinge und einer Schneidelinie, die zur Spitze hin mit einer Rundung ausläuft, sind zum Schnitzen am besten geeignet. Ein solches Messer kannst du für alles einsetzen und es reicht völlig aus.

2 Diese Klingenform ist praktisch, um große Flächen zu bearbeiten. Allerdings kann die dünne Messerspitze abbrechen, wenn das Messer nicht richtig eingesetzt wird.

3 Hier siehst du ein Messer für kleine, feine und tiefe Schnitte. Für große Flächen eignet es sich nicht.

4 Dieses Messer ist für große gerade Flächen und schmale Zwischenräume sehr gut geeignet. Aber Achtung! Messerrücken und Schneide können leicht verwechselt werden.

Dein Schnitzmesser muss eine scharf geschliffene Schneide haben. Zum Schärfen brauchst du einen Schärf- oder Abziehstein*. Mehr zum Schärfen findest du auf Seite 205.

Um dir das Schnitzen zu erleichtern, brauchst du manchmal eine Säge. Außerdem können bei einigen Arbeitsschritten Raspel, Feile und Schleifpapier nützlich sein. All diese Werkzeuge werden im Kapitel **HOLZWERKEN** ab Seite 52 genauer beschrieben.

Dein Schnitzmesser muss eine fest-
stehende Klinge haben! Taschen-
messer und Messer mit Parierstange*
eignen sich nicht zum Schnitzen.

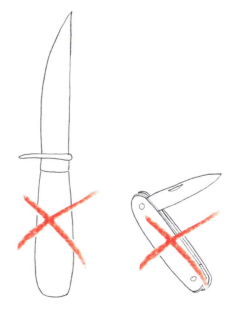

Zum Schnitzen solltest du stabil und sicher sitzen. Die Füße stellst du fest auf den Boden.

SCHÄLEN DER RINDE

Zum Schälen der Rinde arbeitest du immer vom Körper weg. Die Unterarme liegen locker auf den Oberschenkeln. Die Beine stellst du mit breitem Abstand auf. So kann das Messer nicht aus Versehen in dein Bein fahren. Du bearbeitest nur den vorderen Teil des Holzes – im sicheren Abstand zur anderen Hand, die das Holz festhält. Später drehst du das Holz und schälst den noch unbearbeiteten Teil.

Zum Schälen der Rinde wird die Messerklinge flach angesetzt. Ist der Neigungswinkel der Klinge zum Holz zu groß, wird der Span zu dick und das Messer verhakt sich. Mit ruhigen, gleichmäßigen Bewegungen ziehst du das Messer bis zum Ende des Werkstücks durch. Wie beim Gurkenschälen. Dabei machst du schöne dünne lange Späne. Wenn die erste Rindenschicht entfernt ist, geht's leichter. Oft lässt sich die letzte Rindenschicht, der Bast, einfach mit den Fingern abziehen. So erhältst du eine besonders schöne glatte Oberfläche, auf die du deinen Entwurf anzeichnest. Im Film siehst du, wie's geht. Die Rindenbaststücke kannst du aufheben, sie ergeben gute Leimspachtel*.

richtig

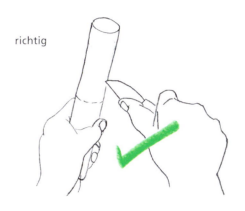

falsch

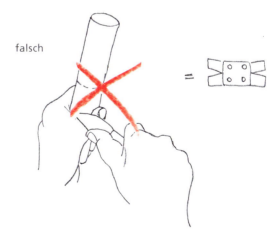

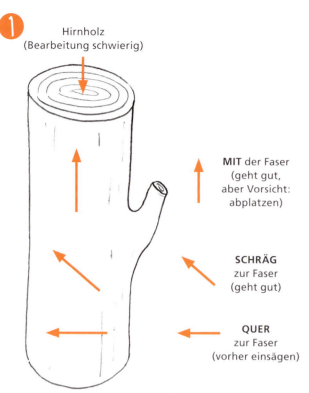

Hirnholz
(Bearbeitung schwierig)

MIT der Faser
(geht gut,
aber Vorsicht:
abplatzen)

SCHRÄG
zur Faser
(geht gut)

QUER
zur Faser
(vorher einsägen)

Schnitzrichtung: Am besten lässt sich ein Schnitt kontrollieren,
wenn du leicht schräg zur Faser arbeitest.

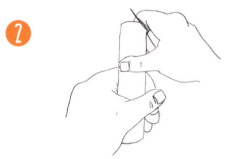

Den Daumen als Hebel benutzen

Der Daumen hilft, das Messer zu schieben.

1 DIE SCHNITZRICHTUNG

Du wirst schnell merken, dass es sich am besten schnitzt, wenn du mit dem Messer leicht schräg zur Faser arbeitest. Als Faser werden die Nahrungskanäle eines lebenden Baumes bezeichnet, die von den Wurzeln bis in die Äste reichen. Die Fasern geben dem Werkstoff Holz eine Richtung, die du beim Schnitzen beachten musst. Quer zur Faser, an der Stirnfläche eines Astes, auch Hirnholz genannt, schnitzt es sich schwieriger als längs zur Faser. Längs zur Faser, also in Faserrichtung, schnitzt es sich einfacher. Aber es passiert schnell, dass ungewollt ein Span abplatzt.

Je nach Holzart sind die Fasern unterschiedlich stark ausgeprägt. Kiefernholz hat eine sehr deutliche Faserrichtung. Bei Lindenholz ist sie weniger spürbar.

Alle großen Schnitte quer zur Faser sägst du vorher mit der Säge ein. So findet dein Messer besseren Halt. Außerdem kann dir in Längsrichtung nichts ungewollt absplittern. Vor allem bei Kiefernholz ist das wichtig.

2 HIRNHOLZFLÄCHEN oder KOPF RUNDEN

Um Hirnholzflächen zu runden, zum Beispiel für einen Kopf, schnitzt du kleine, dünne Späne. Wie Haferflocken. Wenn du den Daumen weit genug abspreizen kannst, benutzt du ihn als Hebel und ziehst das Messer auf dich zu. Dazu kannst du dir einen Film ansehen.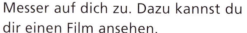

3 Wenn das zu schwierig für dich ist, dann arbeite von dir weg. Der Daumen der Hand, mit der du das Werkstück hältst, kann dabei auf den Messerrücken drücken und beim Schieben helfen. Auch dazu kannst du dir einen Film ansehen.

Und immer gilt: Lieber viele dünne Späne als wenige dicke!

TIPP

Figuren, die kleiner als 15 cm sind, kannst du besser in der Hand halten, wenn du sie aus einem langen Aststück schnitzt und erst nach dem Schnitzen auf die gewünschte Länge absägst (siehe Seite 20).

Schnittverletzungen verhinderst du, wenn du weit ausholende oder stark hebelnde Bewegungen vermeidest. Dafür legst du die Unterarme locker auf die Oberschenkel oder presst die Oberarme fest gegen den Oberkörper.

FEINHEITEN SCHNITZEN

Um Feinheiten wie Haaransatz, Arme, Gesicht, Flügel oder Krallen herauszuarbeiten, musst du sehr vorsichtig vorgehen. Lege deine Figur auf eine stabile Unterlage. Der Abstand zwischen der haltenden Hand und der Schnitzhand sollte ausreichend groß sein. Oder du spannst die Figur in einen Schraubstock ein. Mit der Messerspitze stichst du in die Linie deiner Anzeichnung und drückst das Messer, als würdest du mit einem Dosenöffner arbeiten, nach unten. Dann ziehst du das Messer heraus und setzt es neu an. Auf diese Weise stichelst du den Umriss der Anzeichnung sorgfältig nach. Das kannst du auf den Fotos und  sehr schön sehen. Auch hier gibt es einen Film.

 Wie gegen einen Sägeschnitt kannst du gegen diese gestichelten Linien schnitzen und die Feinheiten herausarbeiten. Im Film kannst du dir das genauer ansehen.

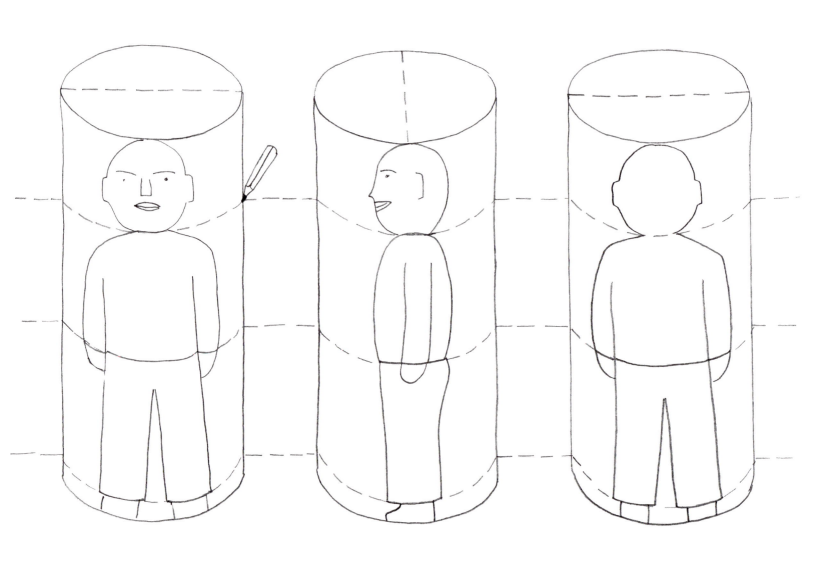

SCHNITZEN

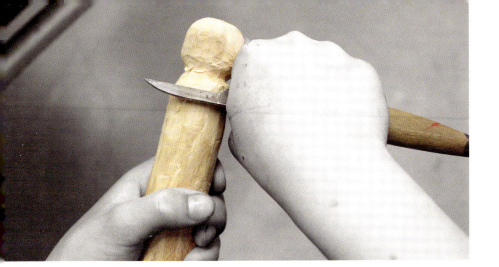

Bevor du zu schnitzen anfängst, entwirfst du deine Figur auf Papier. Soll es ein Zwerg sein? Ein Cowboy, eine Prinzessin oder lieber eine Katze? Wie auch immer du dich entscheidest: Deiner Fantasie sind dabei keine Grenzen gesetzt.

Alle Erklärungen und Vorschläge beziehen sich auf Figuren, die aus einem Ast entwickelt werden können. Denn bei einem Aststück kannst du den Faserverlauf sehr gut nachvollziehen.

Deine Figur sollte also zylinderförmig sein, ihre Fußsohlen und ihr Kopf stoßen jeweils an die Stirnflächen des Holzes. Am besten verzichtest du erst einmal auf komplizierte Details.

Den Entwurf überträgst du vom Papier auf das Aststück. Dabei markierst du Hals, Taille, Hose oder Rocksaum, Füße usw. mit umlaufenden Linien. Das sind Linien, die wie ein Gürtel rundherum um den Ast gehen. Die umlaufenden Linien helfen dir, die Räumlichkeit des Aststücks zu berücksichtigen. So kann aus deiner Zeichnung eine dreidimensionale Skulptur entstehen.

Auch Tierfiguren kannst du aus einer Astform entwickeln. Bei einigen Tieren, wie zum Beispiel bei einer Schlange, einer Eidechse oder einem Marder, ist das leichter vorstellbar. Bei anderen Tieren kannst du dir helfen, indem du sie liegend darstellst oder stark vereinfachst, um sie der Astform anzupassen. Auch hier sägst du alle großen Schnitte, die quer zur Faser laufen oder sehr tief gehen, vorher mit der Säge ein.

TIPP

Zeichne auf ein großes Blatt einen Kreis von ca. 30 cm Durchmesser und stelle dich in dessen Mitte. Der Kreis ist der Querschnitt deines Aststücks und du bist die Figur: Probiere verschiedene Haltungen aus. Alles, was über die Kreislinie hinausragt, müsstest du ansetzen. Ein Spiegel oder ein Freund als Modell helfen dir bei deinen Beobachtungen.

ZWERGE

Tanne, 8 Jahre

MATERIAL
- Lindenast, mindestens daumendick, etwa 15 cm lang (reicht für etwa 3 Zwerge)

WERKZEUG
- Schnitzmesser
- Japansäge
- Bleistift
- Bunt- oder Filzstifte

Du hast noch nie geschnitzt? Dann ist ein Zwerg genau das Richtige für dich!

Zuerst schälst du vom oberen Ende des Stöckchens über eine Länge von etwa 8 cm die Rinde ab. Dann spitzt du dieses Ende an. Vor dir siehst du den Zipfel der Zwergenmütze.

Jetzt zeichnest du dem Zwerg mit Bleistift ein Gesicht und markierst den Saum des Zwergenmantels. Dort sägst du das Stöckchen ab. Fertig ist dein Zwerg! Und wer mag, malt seinen Zwerg ringsum bunt an.

VARIANTE
Geübte Schnitzer machen auf Höhe des Kinns einen umlaufenden Sägeschnitt und arbeiten Kopf, Kinn, Hals, Brust und Nacken weiter aus.

Arne Paul, 5 Jahre; Konrad, 7 Jahre

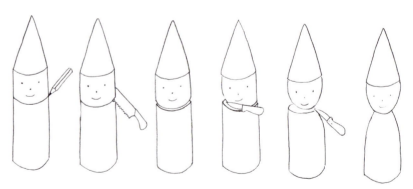

Mit umlaufendem Sägeschnitt schnitzen

Nicole, 15 Jahre

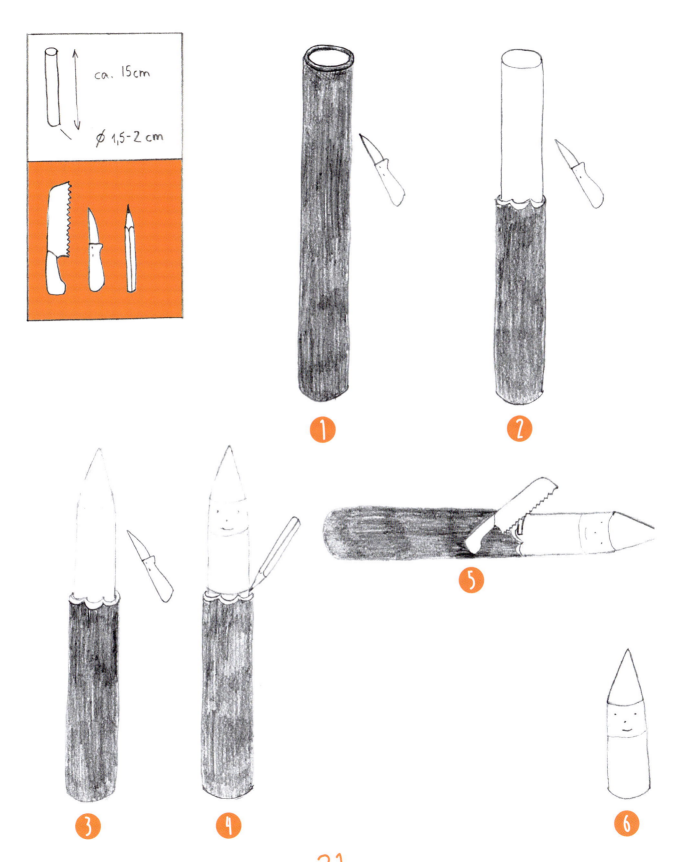

ca. 15cm

⌀ 1,5-2 cm

① ② ③ ④ ⑤ ⑥

21

SCHNEEWITTCHEN (UND DIE SIEBEN ZWERGE)

MATERIAL
- Lindenast, Ø etwa 3–5 cm, 20 cm lang

WERKZEUG
- Schnitzmesser
- eventuell Japansäge
- Bleistift
- Bunt- oder Filzstifte

Tanne, 8 Jahre

Rudi, 5 Jahre

Wenn du sieben Zwerge geschnitzt hast, brauchst du natürlich auch ein Schneewittchen: Als Erstes schälst du wieder die Rinde ab. Dann rundest du das obere Ende des Stöckchens, den Kopf.
Mit Bleistift oder Farben malst du deinem Schneewittchen Gesicht, Haare und Kleid. Das war's schon!

VARIANTE
Geübte Schnitzer machen auf Höhe des Kinns und der Taille einen umlaufenden Sägeschnitt und arbeiten Kinn, Hals, Brust, Nacken, Rücken, Hüfte, Taille und Po weiter aus.

Mit umlaufendem Sägeschnitt schnitzen

ca. 20 cm

⌀ 3-5 cm

① ② ③ ④ ⑤ ⑥

23

SCHLANGE

Benjamin, 9 Jahre; Hermine, 12 Jahre

MATERIAL
- Lindenast, etwa daumendick, 20–50 cm lang

WERKZEUG
- Schnitzmesser
- Schere
- Bleistift
- Bunt- oder Filzstifte
- Japansäge

TIPP
Am natürlichsten wirkt die Schlange, wenn du dir ein schön gewundenes Stöckchen suchst, es muss nicht unbedingt Lindenholz sein.
Soll deine Schlange oft zubeißen, sicherst du die Zunge zusätzlich mit einem Tropfen Holzleim.

Auf den letzten Seiten hast du gelernt, einen Ast anzuspitzen oder abzurunden. Bei dieser Schlange lernst du außerdem, einen Ast zu spalten. Zuerst schälst du wieder die Rinde ab. Versuche, die letzte Rindenschicht, den Bast, einfach mit den Fingern abzuziehen. So erhältst du eine wunderbar glatte, seidig schimmernde Holzoberfläche: die perfekte Schlangenhaut.

Den geschälten Ast legst du auf eine ebene Fläche und betrachtest ihn genau. Liegt der Ast wie eine Schlange auf dem Boden auf? Oder musst du noch ein bisschen nacharbeiten? Wo soll der Kopf sein? Und wo das Schwanzende? Die Augen zeichnest du gleich auf, damit du beim Schnitzen nicht vergisst, wo bei deiner Schlange vorne und hinten ist. Den Kopf rundest du ab, das Schwanzende spitzt du an.

Suche dir einen schönen Span vom Rindenschälen aus und schneide mit der Schere eine Schlangenzunge zu. Jetzt spaltest du am Kopf das Maul auf: Dazu drückst du das Messer in das Holz und wackelst leicht hin und her. Versuche, nicht zu schneiden, sondern vorsichtig zu hebeln. Du spürst, wenn das Holz reißt. Arbeite sehr vorsichtig. Wenn du unsicher bist, lässt du dir von einem Erwachsenen helfen. Die Zunge wird in den Spalt geklemmt – und deine Schlange zischelt vor sich hin. Mehr dazu im Film!
Jetzt kannst du deiner Schlange ein Muster aufzeichnen. Dafür verwendest du Blei- und Buntstifte.

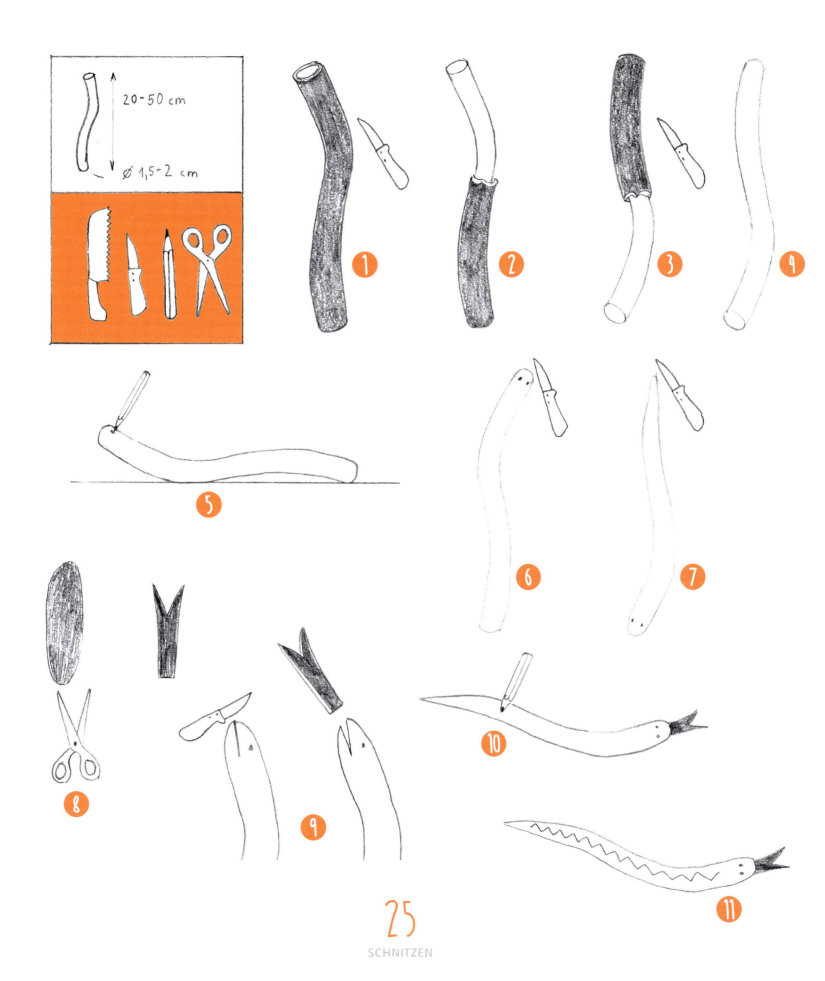

20-50 cm

Ø 1,5-2 cm

SCHNITZEN

KROKODIL

MATERIAL
- Lindenast, Ø 4–6 cm, etwa 20 cm lang

WERKZEUG
- Schnitzmesser
- Japansäge
- Bleistift
- eventuell Bunt- oder Filzstifte

TIPP

Besonderst gut gelingt dein Krokodil, wenn du dir ein Aststück mit ovalem Querschnitt suchst. Dann hast du mehr Platz für Beine und Zacken. Dein Krokodil wirkt sehr lebendig, wenn du einen leicht geschwungenen Ast verwendest. Wenn du möchtest, kannst du es zum Schluss farbig anmalen.

Ein Krokodil zu schnitzen ist nicht schwer. Wichtig ist nur, alle Schnitte quer zur Faser vorher mit der Säge einzusägen.

Zuerst schälst du wieder die Rinde ab. Auf das geschälte Holz zeichnest du mit Bleistift dein Krokodil an. Nutze dabei die gesamte Holzlänge. Die Krokodilschnauze stößt am vorderen Ende, die Schwanzspitze am hinteren Ende des Holzstücks an. Als Erstes markierst du, wo die Beine sitzen. Damit legst du fest, wie lang Maul, Bauch und Schwanz werden.

Säge die Markierung für die Beine etwa 5 mm tief ein. Nun beginnst du an der Bauchseite zu schnitzen, indem du das Messer immer wieder gegen den Sägeschnitt gleiten lässt. So entstehen die Beine, ohne dass dir ungewollt ein Span abplatzen kann.

Sind die Beine herausgearbeitet, sägst du das Maul auf und spitzt Maul und Schwanz an. Nun zeichnest du die Zacken auf dem Rücken an. Auch hier werden die Schnitte quer zur Faser wieder vorher mit der Säge eingesägt, damit dein Messer besseren Halt findet. Im Film kannst du dir das ganz genau ansehen.

Zum Schluss stellst du dein Krokodil auf eine gerade Unterlage und prüfst, ob es sicher steht. Wenn nicht, arbeitest du an den Fußsohlen etwas nach, bis nichts mehr wackelt.

Nicole, 15 Jahre; Sonja, 4 Jahre

Dominik, 11 Jahre

Henriette, Carolina, Nils, 10 Jahre

27

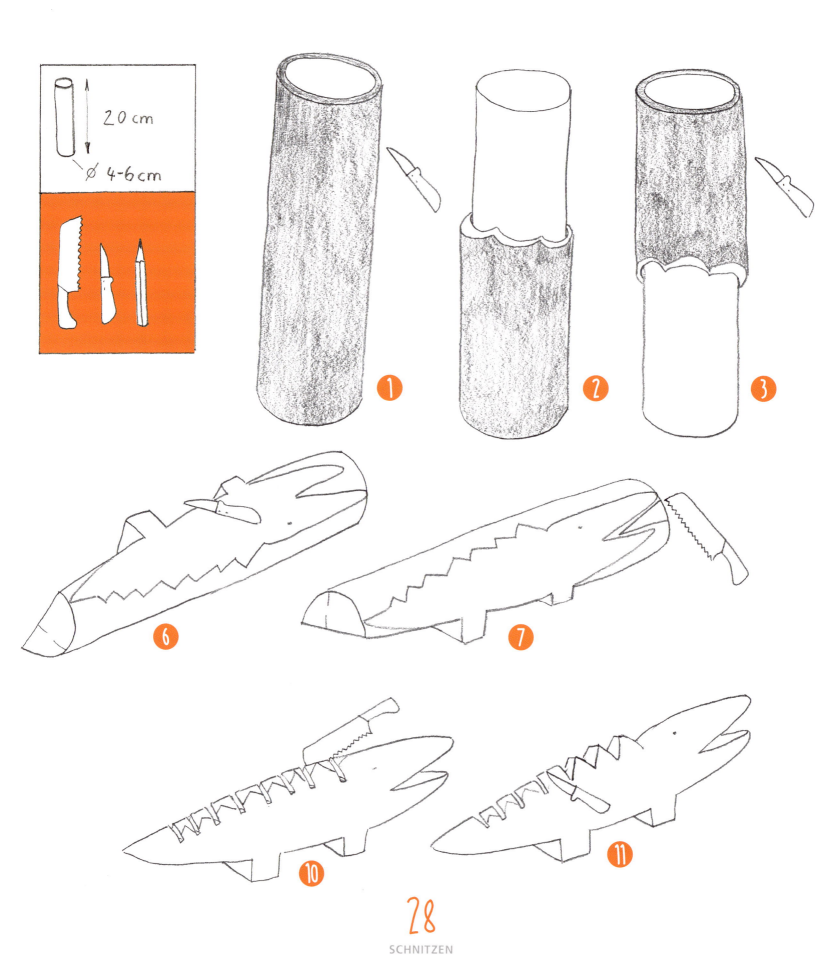

20 cm

ø 4-6 cm

① ② ③

⑥ ⑦

⑩ ⑪

28

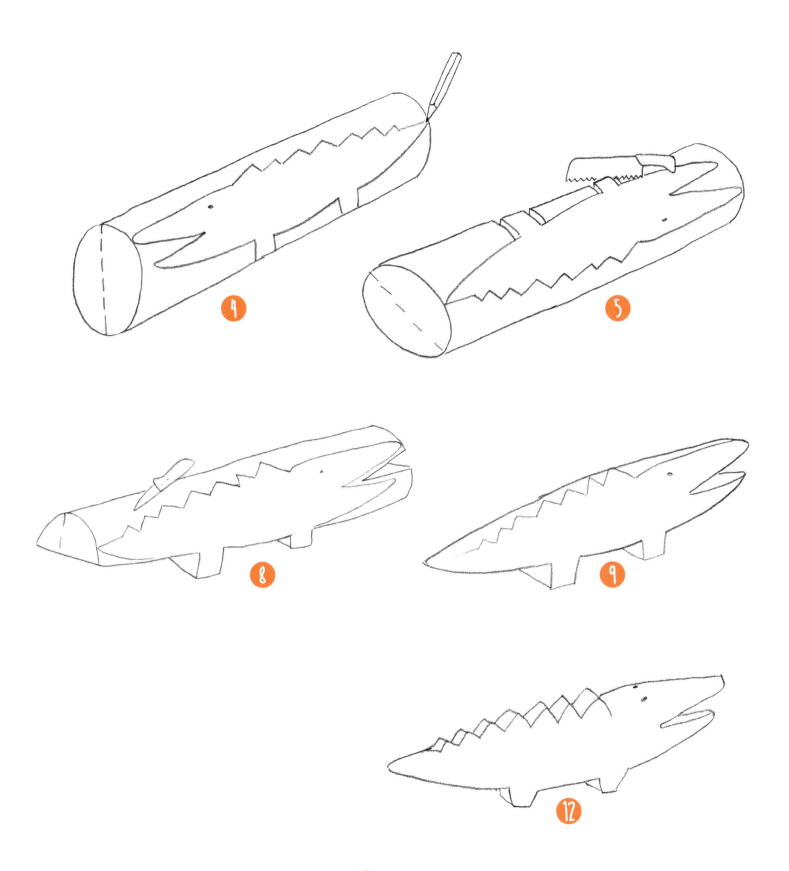

4

5

8

9

12

LÖWE

MATERIAL
- Lindenast, Ø etwa 6–8 cm, etwa 20 cm lang

WERKZEUG
- Schnitzmesser
- Japansäge
- Bleistift

Du brauchst einen Löwen, der dich bewacht? Dann schnitz dir doch einen! Auch hier arbeitest du nach dem gleichen Prinzip: Rinde schälen, Löwe anzeichnen, dabei die ganze Holzlänge nutzen und alle Schnitte quer zur Faser vorher mit der Säge einsägen.

So sägst du von der Nasenspitze bis auf Höhe der Pfoten und vom Hinterkopf bis auf Höhe des Rückens. Wenn du jetzt mit dem Messer gegen diese Sägeschnitte arbeitest, entstehen Maul und Pfoten, Mähne und Rücken.

Zum Schluss sägst du die Pfoten in Längsrichtung auf und überprüfst, ob dein Löwe gut liegt.

Die Zeichnung zeigt dir, was Bruno sich mit seinem Aststück vorgenommen hat:

Der liegende Löwe nutzt das Aststück optimal aus. Kopf, Nasenspitze, Hinterteil und Vorderpfote stoßen an die äußere Kante des Holzstückes. In einer zweiten Korrektur der Zeichnung wurden die Vorderpfoten verlängert. So liegt sein Löwe noch ausgestreckter.

SCHNITZEN

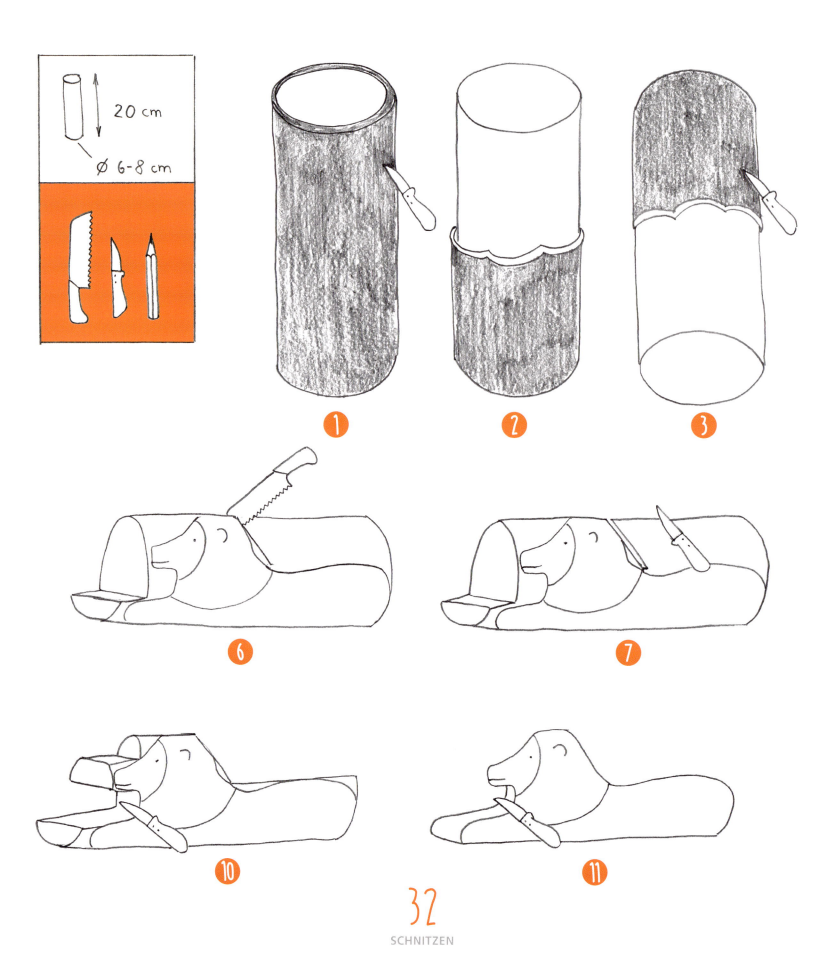

SCHNITZEN

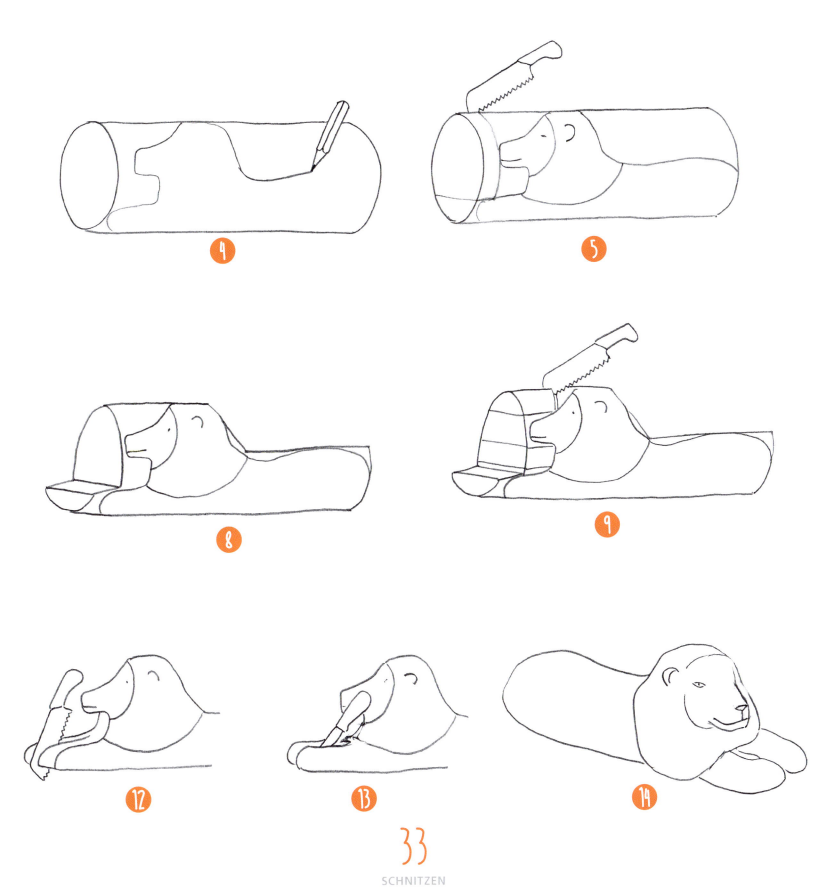

HÄSCHEN

Suvi, 12 Jahre

MATERIAL
- Lindenast, Ø 4–6 cm, etwa 10 cm lang

WERKZEUG
- Schnitzmesser
- Japansäge
- Bleistift

Auch das Häschen ist einfach geschnitzt. Erkennst du, wo die Sägeschnitte zu setzen sind? Richtig, von der Nasenspitze zu den Pfoten und von den Ohrenspitzen bis zum Rücken. Zusätzlich machst du noch unter dem Kinn einen Sägeschnitt, dann schnitzt es sich leichter. Und auch das Hasenschwänzchen sägst du vorher ein. Fehlt nur noch das Hasengesicht! Das kannst du mit Bleistift anzeichnen.

An den Zeichnungen kannst du sehen, wie Suvis Idee entstanden ist:

Mit der ersten Entwurfszeichnung wurde das ganze Aststück genutzt. Nasenspitze und Kopf stoßen an die äußere Kante. Mit der Schraffur wird angedeutet, was abgesägt werden soll, um das Schnitzen zu erleichtern.

Diese Schraffur erklärt, was weggeschnitzt werden muss. So wird deutlich, dass das Loch zwischen Ohren und Rücken schwierig werden könnte. Der dünne Hals und die Vorderpfoten sind außerdem sehr bruchgefährdet.

Nun wurde der Entwurf noch weiter vereinfacht. Aus der detaillierten Gestaltung der Pfoten wurde eine Auflagefläche. So ist mehr Platz für abstehende Hasenohren. Und es muss weniger weggeschnitzt werden.

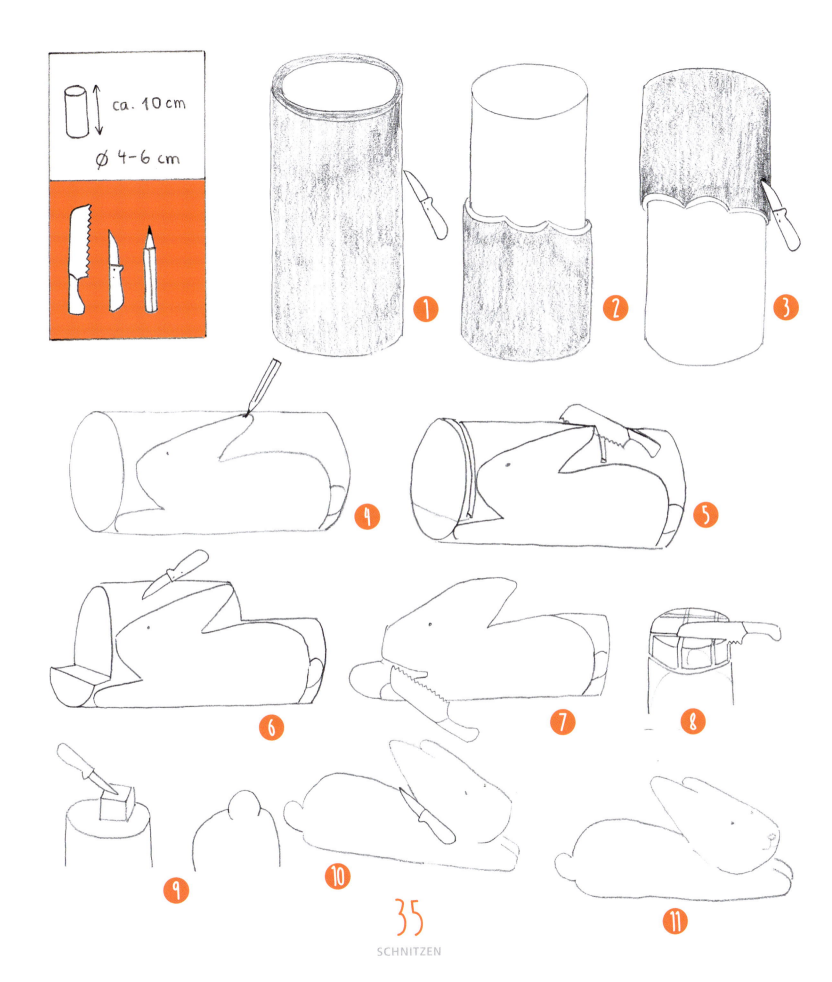

ca. 10 cm

∅ 4–6 cm

35

EULE

MATERIAL
- Lindenast, Ø etwa 4–6 cm, etwa 20 cm lang

WERKZEUG
- Schnitzmesser
- Japansäge
- Bleistift

Die Zeichnungen zeigen dir, wie Yayoi die Idee für ihre Eule entwickelt hat:

Die erste Entwurfszeichnung ist sehr detailreich. Schraffiert man die Flächen, die für diesen Entwurf weggeschnitzt werden müssten, wird deutlich, wie viel Arbeit hier nötig wäre und dass die dünnen Flügelansätze und abstehenden Krallen sehr bruchgefährdet sind.

Hier hat Yayoi ihren Entwurf geändert. Die abstehenden Flügel sind nun angelegt. Die Zeichnung nutzt die ganze Länge des Holzstückes. So muss weniger weggeschnitten werden.

Eine Eule lässt sich gut aus einem Ast schnitzen, denn jeder erkennt sie an ihren ohrenähnlichen Federbüscheln sofort!

Nachdem du die Rinde geschält und die Eule angezeichnet hast, setzt du von oben, in die Stirnseite des Astes, zwei etwa 5 mm tiefe Sägeschnitte. So findet dein Messer Halt, wenn du beginnst, den Kopf zwischen den Federbüscheln zu runden.

Um Schulterpartie, Rücken und Bauch vom Kopf abzugrenzen, musst du wieder gegen die Faser arbeiten. Auch hier sägst du vorher rundherum mit der Säge etwa 3 mm tief ein.

Jetzt brauchst du nur noch die Krallen und Flügel herauszuarbeiten. Und natürlich die runden Eulenaugen nicht vergessen!

TIPP
Schäle nur den oberen Astteil, etwa 8 cm. Beim Rest lässt du die Rinde stehen. Dann sieht es aus, als säße deine Eule auf einem Ast.

Yayoi, 10 Jahre

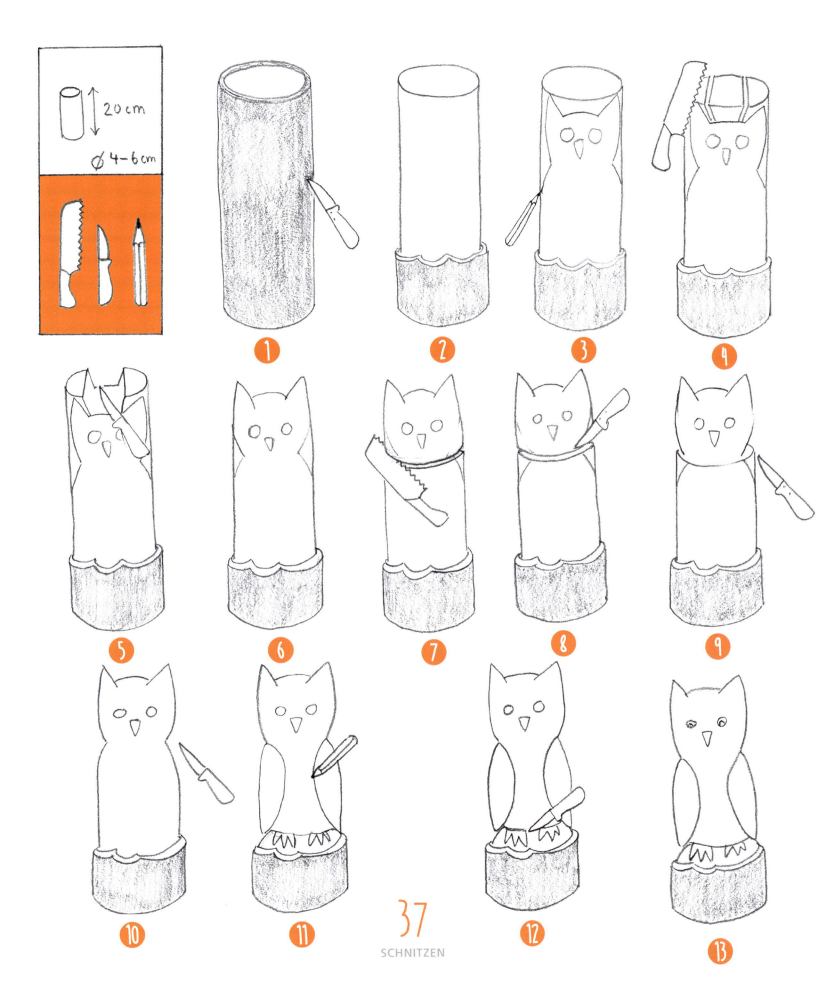

1 **2** **3** **4**
5 **6** **7** **8** **9**
10 **11** **12** **13**

20 cm

∅ 4–6 cm

37

EICHHÖRNCHEN

Suvi, 12 Jahre

MATERIAL
- gegabelter Lindenast,
  Ø etwa 5 cm, etwa 20 cm lang
  Eichel, Haselnuss oder Ähnliches

WERKZEUG
- Schnitzmesser
- Japansäge
- Bleistift

Hier kannst du sehen, wie Suvi ihre Idee entwickelt hat:

In der ersten Entwurfszeichnung hat das Eichhörnchen weit abstehende Pfoten. Die schmale Spalte zwischen Rücken und Schwanz wird schwierig zu schnitzen sein. Der Schwanz droht abzubrechen. Und er passt nicht mehr auf das Holz.

Nun sind Pfoten und Schwanz dichter an den Körper herangenommen. Die ganze Form ist geschlossener. Doch für den Schwanz ist immer noch nicht richtig Platz.

Um mehr Platz für den Eichhörnchenschwanz zu haben, hat sich Suvi ein neues Stück Holz ausgesucht: einen gegabelten Ast. Jetzt passt alles gut.

Für dieses Eichhörnchen brauchst du einen gegabelten Lindenholzast. Denn so hast du ausreichend Platz für den prächtigen Eichhörnchenschwanz. Zuerst schälst du das Holz und zeichnest deine Figur an.

Dann setzt du einen senkrechten Sägeschnitt für die Ohren. Nachdem du den Kopf zwischen den Ohren gerundet hast, setzt du einen zweiten umlaufenden Sägeschnitt auf Kinnhöhe. So kannst du gegen die Faser Kinn, Bauch, Nacken und Rücken herausarbeiten.

Du schnitzt den Schwanz, arbeitest die Pfoten aus und zeichnest das Gesicht an.

Jetzt braucht dein Eichhörnchen noch eine kleine Eichel oder eine Haselnuss als Futter – und schwups ist es auf dem nächsten Baum verschwunden ...

38

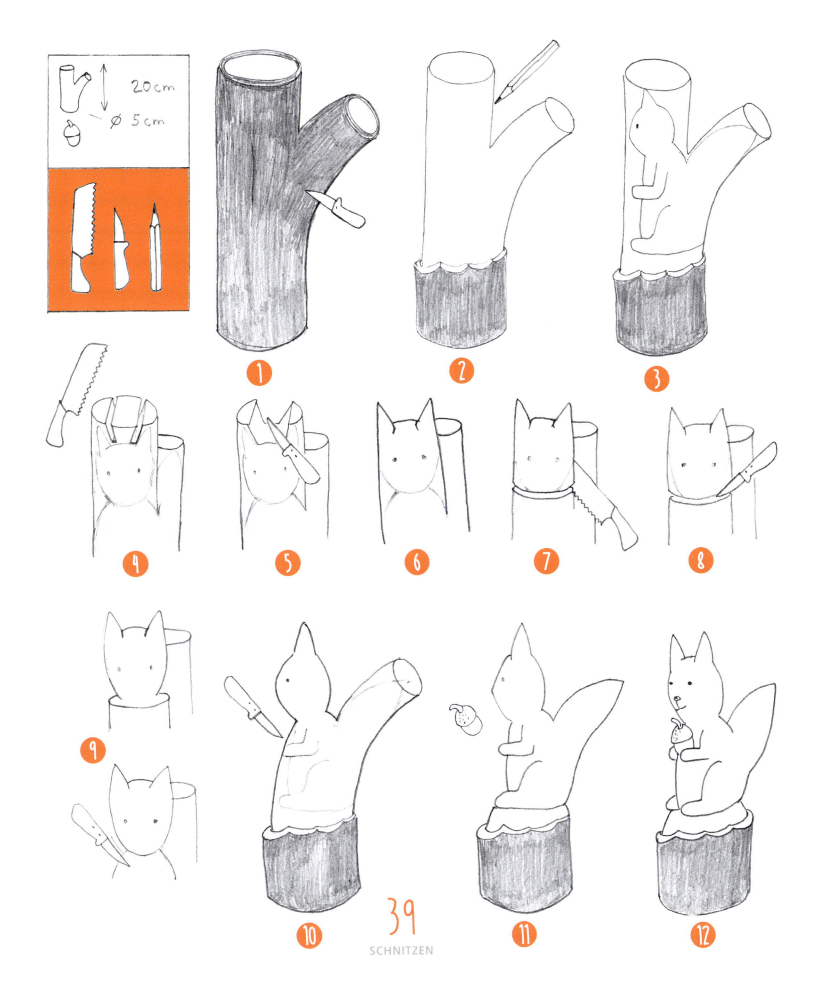

20cm

ø 5cm

1

2

3

4

5

6

7

8

9

10

11

12

SCHNITZEN

KANU

MATERIAL
- Lindenast, Ø etwa 3 cm, etwa 15 cm lang
- Schüssel mit Wasser

WERKZEUG
- Schnitzmesser
- Bleistift

Eine mit Wasser gefüllte Schüssel ist das Erste, was du zum Schnitzen eines Kanus brauchst. Lege den geschälten Ast ins Wasser und beobachte, wie er schwimmt. Dann markierst du die Wasserlinie umlaufend mit Bleistift. Die Wasserlinie ist die Linie, bis wohin dein Ast nass geworden ist. Das Anzeichnen der Wasserlinie kannst du dir im Film anschauen.

Spitze beide Enden des Kanus an. Nun höhlst du es aus, indem du erst von oben in das Holz stichst und dann von der Seite dagegen schneidest. Arbeite hierbei sehr vorsichtig und schnitze kleine, dünne Späne. Zwischendrin überprüfst du immer wieder, wie dein Kanu im Wasser liegt.

TIPP
Soll dein Kanu eine Bank haben, lässt du beim Aushöhlen einen schmalen Steg dafür stehen.

Bruno, 15 Jahre; Luisa, 12 Jahre

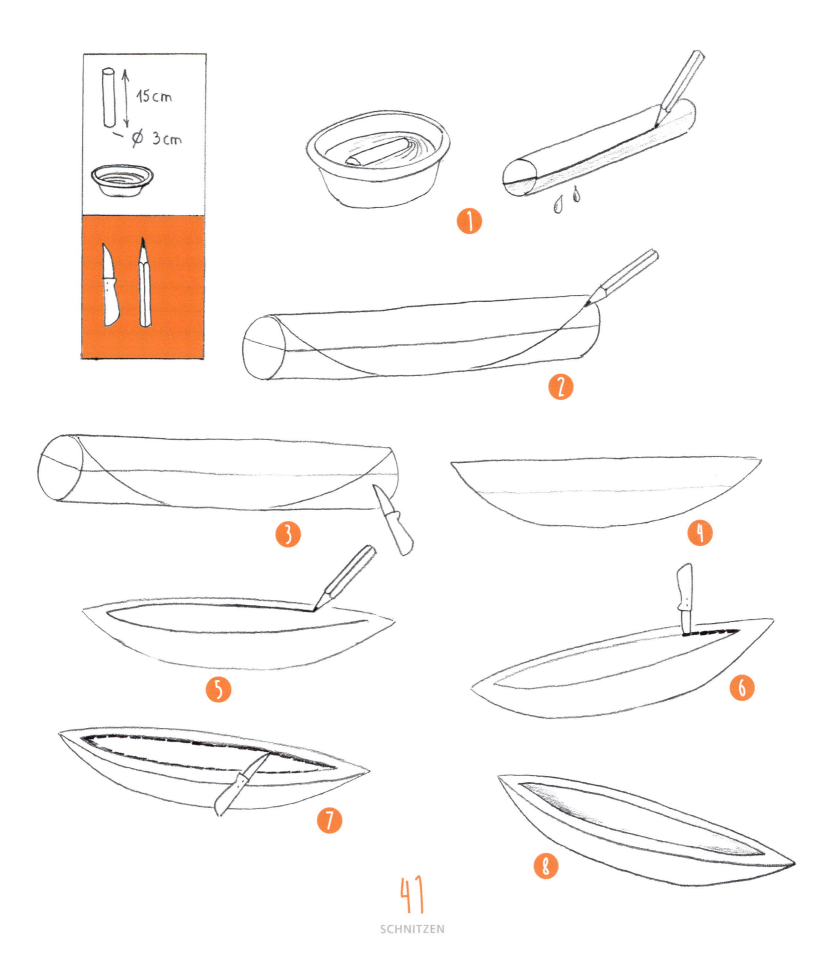

15 cm

Ø 3 cm

1

2

3

4

5

6

7

8

41

EINE FIGUR SCHNITZEN

MATERIAL
- Lindenast, Ø etwa 3–8 cm, 12–15 cm lang (oder ein Stück Dachlatte gleicher Länge)

WERKZEUG
- Schnitzmesser
- Japansäge
- Bleistift
- falls vorhanden: Schraubstock

Auf den folgenden Seiten kannst du alles Wichtige rund ums Figurenschnitzen nachschlagen. Ob Cowboy, Schneemann, König, Pirat oder Prinzessin: Mit dieser Technik lassen sich alle deine Figuren schnitzen.

1 Auf das geschälte Holz zeichnest du mit dem Bleistift deine Figur an. Achte dabei auf umlaufende Linien.

2 Runde zuerst den Kopf. Das hast du auf Seite 16 gelernt. Dort findest du auch den Film dazu.

3 Mit der Säge sägst du nun, quer zur Faser, die umlaufende Halslinie rundherum 2 bis 4 mm tief ein.

4 Dieser Sägeschnitt dient als Markierung und gibt dir eine Kante, in die du beim Schnitzen dein Messer auslaufen lässt. So besteht keine Gefahr, dass du abrutscht und dich verletzt. Wie das funktioniert, kannst du dir in diesem Film ansehen.

5 Die Schultern entstehen, wenn du jetzt aus der Gegenrichtung in Richtung Kinn arbeitest. Auch hier gleitet das Messer in den Sägeschnitt.

6 Nun sägst du den Keil zwischen den Beinen aus. Achte darauf, dass der Keil nicht zu groß wird, denn sonst werden die Fußsohlen deiner Figur zu schmal und sie kann nicht stehen.

 Dieser Sägeschnitt ist etwas schwieriger. Wenn das Holz nicht in einen Schraubstock eingespannt werden kann, solltest du dir von Erwachsenen helfen lassen oder zum Schutz Arbeitshandschuhe anziehen.

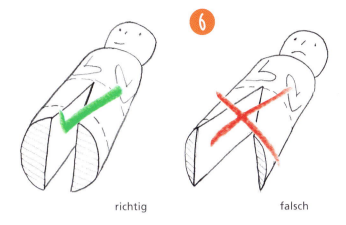

richtig   falsch

7 Jetzt sägst du die umlaufenden Linien für Ellenbogen und Arme etwa 2 mm und für die Füße etwa 5 mm tief ein. Mit diesen Sägeschnitten quer zur Faser entstehen wieder Kanten, auf die du mit dem Messer zuarbeiten kannst.

8 Du beginnst mit den Füßen. Achte auch darauf, die Füße nicht zu klein zu schnitzen. Sonst kann die Figur nicht stehen. Die Sägeschnittkanten zwischen den Beinen brichst du mit dem Messer und schnitzt anschließend die Hose.

9 Um Arme und Hände herauszuarbeiten, spannst du die Figur in einen Schraubstock ein oder legst sie auf eine stabile Unterlage. Das hast du auf Seite 17 gelernt. Dort findest du Fotos und einen Film zu diesem Arbeitsschritt.

10 Wer mag, malt seine Figur mit Bleistift oder Farben an und gibt ihr einen Namen.

Auf der nächsten Seite findest du alle Schritte noch einmal als Zeichnung im Überblick.

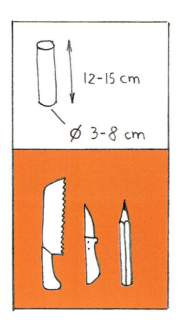

12–15 cm

⌀ 3–8 cm

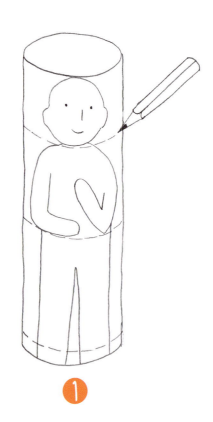

1

2

6

7

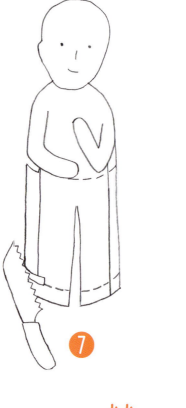

8

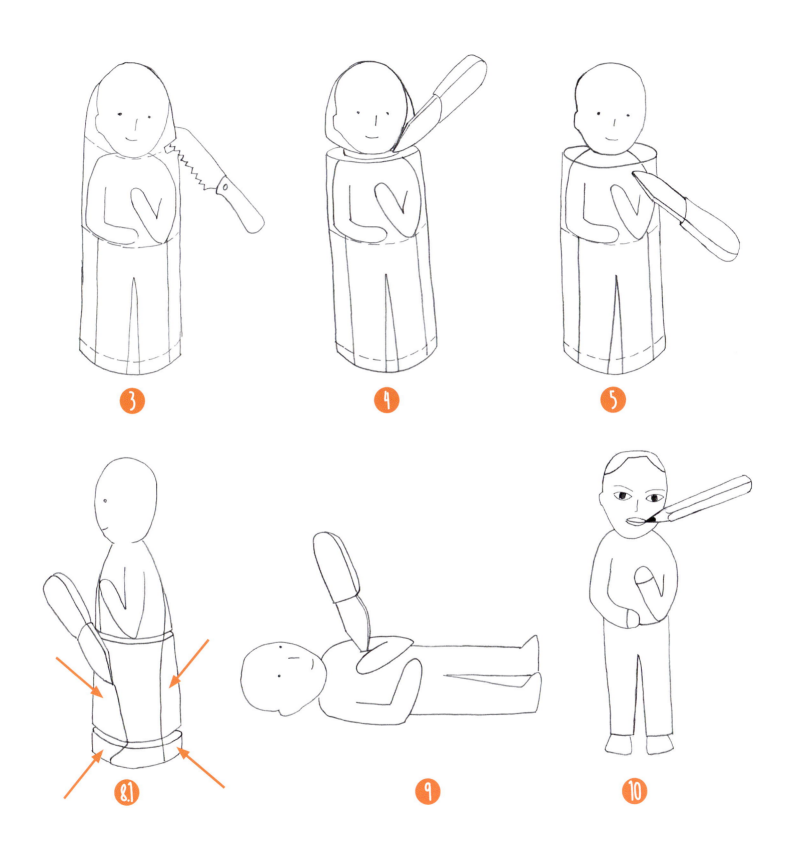

SCHNITZEN

Hier kannst du sehen, wie Tannes Figur entstanden ist:

Tanne, 8 Jahre

1 Die erste Entwurfszeichnung. Tanne möchte ein Mädchen schnitzen. Mit weit abstehenden Armen und flatternden Haaren.

2 Der Rahmen um die Figur verdeutlicht die Größe des Holzstückes. Die schraffierte Fläche zeigt, was alles weggeschnitzt werden muss. Haare und Arme werden sich schwierig schnitzen lassen und drohen abzubrechen.

3 Die Entwurfszeichnung wurde noch einmal verändert. Nun liegen die Arme dichter am Körper an. Die Haare wurden weggelassen. Die ganze Form ist geschlossener. Das Holzstück ist kleiner. Und es muss weniger weggeschnitzt werden.

4 Die Entwurfszeichnung wurde auf das Aststück übertragen.

5 Die fertige Figur. Haare und Arme wurden mit Filzstift aufgemalt.

Und so ist Heikes Hase entstanden:

1 Die Entwurfszeichnung

2 Die Sägeschnitte

3 Die fertige Figur

Du möchtest keine Figur schnitzen? Dann sieh dir doch den Film an! Er zeigt, wie du dir ein Messer schnitzen kannst.

Hier siehst du noch einmal auf einem Blick, wie die Sägeschnitte zu planen sind.
Ganz gleich, ob es sich um ein Mädchen …

Anzeichnung der Figur und umlaufende Linien   Verlauf der Sägeschnitte

… oder eine Königin handelt.

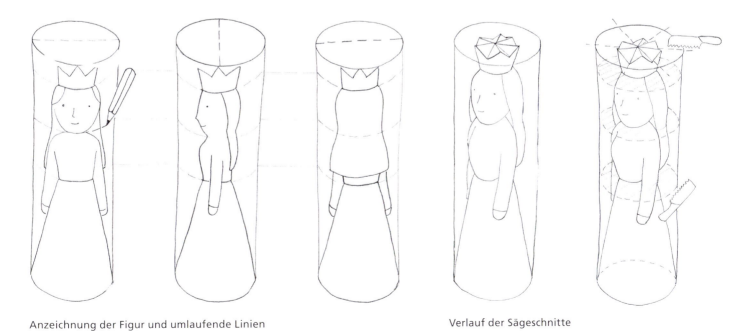

Anzeichnung der Figur und umlaufende Linien   Verlauf der Sägeschnitte

SCHNITZEN

IDEEN ÜBER IDEEN...

49

TIPPS AUS DER PRAXIS

Viele Kinder sind völlig überrascht, wenn sie den Unterschied von Fläche und Körper entdecken. Plötzlich stellen sie fest, dass ihr Männchen ja auch Seitenflächen, einen Rücken und eine Standfläche hat, die in der Zeichnung gar nicht zu sehen waren, nun aber mitbedacht werden müssen. Schnitzen erfordert vorausschauende Planung und Handlung.

- Schnitzen lernt man am besten beim Selbermachen. Die richtige Messerhaltung ergibt sich nach einiger Zeit, wie beim Kartoffelschälen, ganz von selbst.
- Schnitzen erfordert, ganz bei der Sache zu sein. Scharfe Schnitzmesser sind wie Waffen, sehr ernsthafte Werkzeuge. Sie konfrontieren die Kinder mit ihrem eigenen Verhalten.
- Schnitzen in einer Gruppe können Kinder etwa mit acht Jahren. Jüngere Kinder brauchen Einzelbetreuung.
- Schnitzen erfordert Kraft in den Fingern. Deswegen sollten Messer und Werkstück nicht zu groß sein und gut in der Hand liegen.
- Jüngere Kinder schälen mit Begeisterung Stöckchen. Ist das zu schwierig, dann kann man die Rinde vorher etwas einschneiden und die Kinder diese einfach nur mit den Fingern abziehen lassen. Wer mag, der malt seinem Stöckchen mit Buntstift Gesicht und Kleidung und hat schon eine Figur!
- Jüngere Kinder können anstatt zu schnitzen mit der Raspel arbeiten. Wenn sie dabei Arbeitshandschuhe tragen, besteht kein Verletzungsrisiko.
- Mehr als sechs Kinder beim Schnitzen zu beaufsichtigen ist schwierig. Bei größeren Gruppen bietet sich das Arbeiten mit der Raspel an. Denn alle beschriebenen Arbeitsschritte sind statt mit dem Messer auch mit der Raspel auszuführen.
- Schnitzende Kinder sollten im Halbkreis um die aufsichtführende Person sitzen, damit diese immer die Messerhaltung aller Kinder im Blick haben kann.
- Schnitzen ist eine ruhige, meditative Bewegung. Kinder, die mit vor Kraftanstrengung zitternder Hand und verzerrtem Gesicht versuchen, einen viel zu dicken Span herunterzuhebeln, sind meist kurz davor, sich zu schneiden, und sollten unterbrochen werden. Für alle Fälle liegt Verbandsmaterial bereit.
- Für ein Männchen von ca. 15 cm Höhe und 4 cm Durchmesser kann man mit zwei Stunden Arbeitszeit rechnen.
- Um Messer für sechs Kinder zu schleifen, benötigt man etwa eine Stunde. Wir verwenden dazu je nach Abnutzung der Messer entweder einen Belgischen Brocken* oder einen Arkansas-Stein*.
- Holz ist ökologisch korrekt, komplett schadstofffrei und restlos biologisch abbaubar. Lästige und umfangreiche Aufräumarbeiten entfallen.
- Schnitzen kann man überall – sehr gut unter freiem Himmel.

Tomislav, 12 Jahre

HOLZWERKEN

KAPITEL 2

MATERIAL

Auf keinen Fall darfst du eine Baustelle alleine und ohne Erlaubnis betreten!
Da Bauholz meist sägerau* ist, solltest du beim Einsammeln Arbeitshandschuhe tragen, um dir keine Splitter einzuziehen. Betonreste lassen sich mit einem Spachtel oder einer Wurzelbürste und Wasser entfernen.
Dazu trägst du am besten eine Schutzbrille. So schützt du deine Augen vor Spritzern. Wenn du das Holz dann noch schleifst, hast du deinen Werkstoff selbst recycelt und kannst es für dein Projekt einsetzen.

Generell ist jedes Holz zum Holzwerken geeignet. Jedoch lässt sich Hartholz* wie Buche, Eiche oder Robinie schwerer bohren, sägen, schrauben oder nageln. Linde, Kiefer und Fichte lassen sich gut bearbeiten, sind dafür aber nicht so robust und verwitterungsbeständig. Holzleisten, Latten, Balken, Bretter oder Sperrholzplatten in den unterschiedlichsten Abmessungen kannst du im Baumarkt, beim Holzhandel oder im Bastelgeschäft kaufen. Sägeraue Bretter sind günstiger als gehobelte.

Wer die Augen offen hält, kommt noch günstiger zu seinem Holz. Denn sehr viel Holz wird nach wie vor einfach weggeworfen. Frag doch zum Beispiel bei Nachbarn, die ihren Sperrmüll auf die Straße stellen! So sind die Böden von Schubfächern oder die Rückseiten von Schrankwänden oft aus Sperrholz. Und alte Lattenroste sind meist aus Kiefer oder Fichte und lassen sich wunderbar recyceln. Allerdings sollte das Holz nicht mit einer dicken Lackschicht versehen sein. Vorsicht bei alten Stuhl- oder Tischbeinen! Sie sind häufig aus Buche und dementsprechend schwer zu bearbeiten.

Jede größere Baustelle hat einen Holzcontainer, in dem sämtliche Bauholzreste gesammelt werden. Es lohnt sich nachzufragen, ob du dir dort Holz aussuchen kannst. Bauholz ist meist aus Kiefer oder Fichte, also wunderbar weich. Außerdem ist es gut abgelagert und reißt nicht so schnell wie frisches Holz.

Um beim Holzwerken eigene Ideen zu entwickeln und umzusetzen, gibt es zwei Möglichkeiten: Entweder du hast schon eine genaue Vorstellung und folgst dieser. Oder du bist noch auf der Suche nach einer Idee.

Auf der Suche nach einer Idee kannst du dich von dem vorhandenen Material anregen lassen. Breite es vor dir aus und betrachte es in aller Ruhe. Bestimmt gibt es ein Stück, das dir ins Auge springt oder dich an etwas erinnert. Nimm dieses Stück in die Hand und spiele damit. Was wird dabei aus dem Holzstück? Eine Katze? Ein Haus? Ein Flugzeug oder Auto? Da hast du deine Idee! Du kannst dieses Spiel auch mit anderen Kindern zusammen spielen – ihr werdet staunen, was ein Stück Holz alles sein kann.

Wenn du schon eine Vorstellung hast, sagen wir, du weißt, dass du ein Boot bauen willst, dann versuche, dir zuerst den Charakter deines Bootes, seine Form und typische Merkmale zu verdeutlichen. Das geht am besten mit einer Zeichnung. Diese Zeichnung wird zum Bauplan, nach dem du dein Holz aussuchst.

Nicht immer wirst du das auf den ersten Blick passende und perfekte Holz zur Hand haben. Manchmal musst du ein bisschen erfinderisch sein und zum Beispiel mehrere Bretter zu einer Platte oder einem dicken Block zusammenleimen. Manchmal musst du deinen Entwurf sogar abändern und dem vorhandenen Material anpassen. Mit einiger Zeit und etwas Erfahrung beim Holzwerken wirst du einen guten Blick für ein Material und seine Tauglichkeit für verschiedenste Projekte bekommen.

HOLZWERKEN

SÄGEN

WERKZEUG

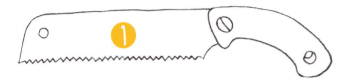

Für alle im Buch vorkommende Arbeiten wurden folgende Sägen verwendet:

1 JAPANSÄGE ODER JAPANISCHE ZUGSÄGE

Der Name verrät es schon. Diese Säge stammt aus Japan und wird zum Sägen gezogen. Man sagt auch: Die Säge arbeitet auf Zug. Beim Ziehen an der Säge besteht keine Gefahr, dass sich das Sägeblatt verbiegt. Das Sägeblatt kann also sehr dünn sein. Damit ist der Sägeschnitt deutlich feiner als bei den meisten anderen Sägen. Und du brauchst zum Sägen weniger Kraft. Es gibt viele verschiedene Arten von Japansägen. Sie unterscheiden sich zum Beispiel in der Form des Sägeblatts.

Für alle im Buch abgebildeten Arbeiten haben wir die Japansäge Kataba* Mini verwendet. Sie ist etwas kleiner als herkömmliche Japansägen und damit für Kinder gut geeignet. Sie liegt gut in der Hand, das Sägeblatt bleibt lange scharf und liefert exakte saubere Schnitte. Wird sie korrekt gezogen, brauchst du nur wenig Kraft.

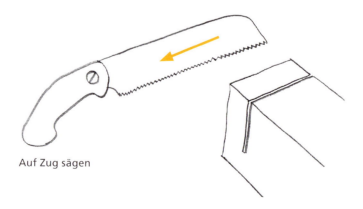

Auf Zug sägen

❷ FUCHSSCHWANZ

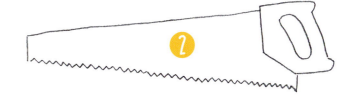

Mit dem Fuchsschwanz kannst du dickere Balken, dicke Äste, nasses Holz und Bauholz sägen. Der Fuchsschwanz arbeitet auf Schub, er wird beim Sägen also vom Körper weggeschoben. Damit sich das Sägeblatt dabei nicht verbiegt, muss es entsprechend stabil sein. Die Stabilität wird durch die Dicke des Sägeblattes erreicht. Der Fuchsschwanz hat also ein dickeres Sägeblatt als die Japansäge. Deswegen brauchst du beim Sägen mehr Kraft und der Sägeschnitt wird breiter und rauer. Dafür ist diese Säge sehr robust.

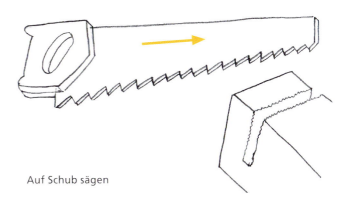

Auf Schub sägen

Die meisten neueren Fuchsschwänze haben einen praktischen Griff, in dem sich ein weiteres Werkzeug versteckt: ein Winkelmaß! Wenn du den Griff richtig anlegst, kannst du den Rücken des Sägeblatts zum Anzeichnen von 90°- oder 45°-Winkeln verwenden.

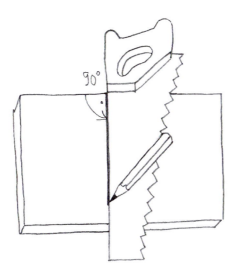

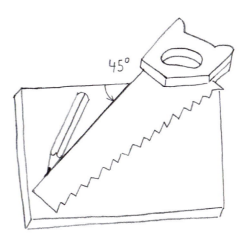

Griff und Winkelmaß zugleich ...

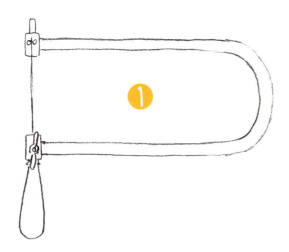

 **LAUBSÄGE**

Die Laubsäge stammt aus Italien und wurde dort vor allem für die Herstellung von kunstvollen Einlegearbeiten, sogenannten Intarsien, verwendet. Da die Intarsien oft Blattwerk, also Laub, darstellten, kam die Säge so zu ihrem Namen. Die Laubsäge eignet sich für geschwungene Sägeschnitte und innenliegende Formen in dünnem Sperrholz. Das Sperrholz sollte nicht dicker als 3 mm sein. Sonst wird's anstrengend.

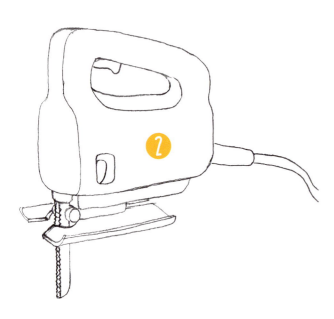

② ELEKTRISCHE STICHSÄGE

Mit der elektrischen Stichsäge kannst du dicke Bretter und große Platten kraftsparend sägen. Vor allem für geschwungene Sägeschnitte, Rundungen und innen liegende Formen ist diese Säge bestens geeignet. Für die elektrische Stichsäge gibt es viele verschiedene austauschbare Sägeblätter, so dass du sie für unterschiedliche Dicken und Materialien verwenden kannst.

 Mit dieser Säge solltest du nur unter Aufsicht eines Erwachsenen arbeiten.

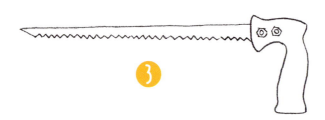

③ (HAND-)STICHSÄGE

Mit dieser Stichsäge sägst du Schnitte innerhalb einer großen Platte, innen liegende Formen und enge Rundungen.

Bevor du zu sägen anfängst, zeichnest du den Sägeschnitt genau und gut sichtbar an. Fixiere dein Werkstück mit einer Schraubzwinge auf der Werkbank oder spanne es im Schraubstock ein, damit es beim Sägen nicht federn kann. Achte darauf, das Werkstück so einzuspannen, dass das Sägeblatt beim Sägen nicht verklemmt.

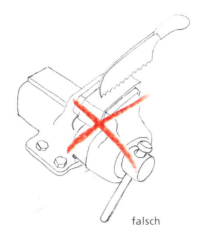

falsch

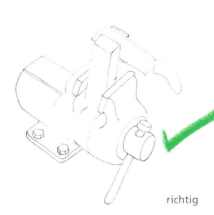

richtig

Lange Balken oder dicke Äste kannst du am Boden liegend sägen. Das geht leichter, wenn du vorher Holzklötze unterlegst. Denn so klafft der Sägeschnitt etwas auseinander und deine Säge verklemmt nicht.

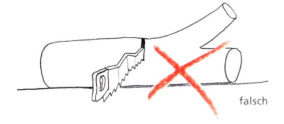

falsch

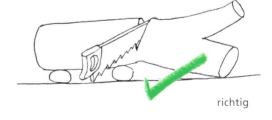

richtig

RICHTIG SÄGEN?

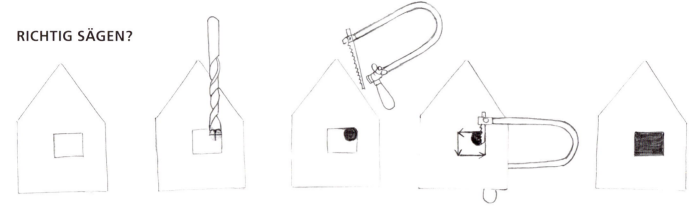

Eine innen liegende Form aussägen

- Beim Sägen stehst du direkt hinter der Säge und schaust mit beiden Augen von oben auf das Sägeblatt.
- Säge in gleichmäßigen Zügen und achte darauf, beim Sägen das Sägeblatt nicht zu verbiegen.
- Bei großen Querschnitten sägst du zuerst rundherum ein, damit die Säge eine bessere Führung hat.

- Wenn die Säge beim Sägen rattert*, musst du den Anstellwinkel der Säge zum Werkstück verändern.
- Um innen liegende Formen, wie zum Beispiel ein Fenster, auszusägen, musst du zuerst ein Loch bohren. Hierdurch steckst du dann das Sägeblatt deiner Laub- oder Stichsäge.

SCHIEF GESÄGT? WAS NUN?

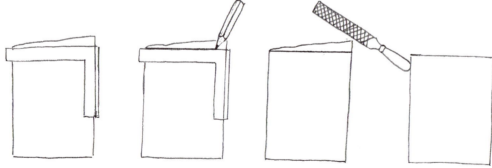

Einen schrägen Sägeschnitt begradigen

Prüfe, ob du alle Sägetipps befolgt hast. Ist noch ausreichend Material da? Dann säge ein neues Stück zu. Wenn nicht, zeichnest du die gewünschte Kante mit einem Winkel neu an. Dann korrigierst du den schiefen Sägeschnitt mit einer Raspel, Feile oder mit Schleifpapier.

ENTWURF

Der Entwurf für einen Sägeschnitt beginnt mit dem Anzeichnen. Hier gibt es oft mehrere Möglichkeiten. Versuche, deine Sägeschnitte generell so zu legen, dass möglichst wenig Sägeschnitte nötig sind. Denn jeder Sägeschnitt erhöht die Passungenauigkeit. Anders gesagt: Für Flächen, die passgenau sein müssen, legst du den Sägeschnitt am besten so, dass du die schon existierenden geraden Außenkanten des Brettes (oder einer Leiste) mitnutzen kannst. Beim Alligator auf Seite 74 oder auch bei der Schatzkiste auf Seite 158 wird dieses Prinzip deutlich.

WEIHNACHTSBAUM

Der nicht nadelnde und wieder verwendbare Weihnachtsbaum! Hier kannst du gleich ausprobieren, was du über das Sägen gelesen hast. Der ganze Baum besteht aus zwei gesägten Baumteilen, die zusammengesteckt werden. Je nachdem wie groß dein Baum werden soll, wählst du die Dicke des Materials und die passende Säge aus.

Zeichne das erste Baumteil an und säge es aus. Das ausgesägte Baumteil kannst du nun als Schablone zum Anzeichnen des zweiten Baumteils verwenden. Säge in beide Baumteile in die Mitte einen Schlitz. Dieser ist genauso breit, wie die Holzplatte dick ist. Bei dem einen Baumteil verläuft der Schlitz von der Standfläche bis zur Mitte. Bei dem anderen Baumteil von der Spitze bis zur Mitte. Entferne eventuelle Sägespäne in dem Schlitz mit Schleifpapier. Anschließend kannst du beide Teile vorsichtig ineinander stecken – und vor dir steht dein Weihnachtsbaum.

MATERIAL
- Sperrholzplatte, 3–5 mm dick
- Größe: So groß, wie dein Weihnachtsbaum werden soll ...

WERKZEUG
- Laubsäge (bei 3 mm Plattenstärke)
- Japansäge
- elektrische Stichsäge (ab 5 mm Plattenstärke)
- Werkbank und eventuell Schraubzwingen
- Schleifpapier
- Bleistift
- Lineal

Heike, 10 Jahre

Soll dein Baum auch Kerzen tragen, schnitzt du Kerzenhalter zum Aufstecken.

TIPP
Wenn du zusätzlich Löcher in die Platten bohrst, kannst du deinen Baum mit Weihnachtsbaumkugeln schmücken.

3-5 mm

1

2

3

4

5

6

7

8

9

10

HAI

MATERIAL

- Sperrholzplatte, etwa DIN A4,
  3 mm dick (am besten wasserfest verleimt)

WERKZEUG

- Laubsäge
- Werkbank
- Schleifpapier
- Bleistift
- Papier, DIN A4
- Schere

TIPP

Wenn du wasserfest verleimtes* Sperrholz verwenden kannst, hat dein Hai länger Oberwasser.

Dieser Hai schwimmt, nicht nur in der Badewanne. Wie der Weihnachtsbaum auf Seite 66 besteht er aus zwei zugesägten Teilen, die ineinandergesteckt werden.

Erst einmal fertigst du ein Papiermodell: Zeichne beide Teile deines Hais auf ein DIN-A4-Blatt. Schneide die Teile aus und jeweils bis zur Mitte ein: das eine vom Maul bis zur Mitte, das andere von der Schwanzspitze bis zur Mitte. Nun kannst du beide Teile zusammenstecken. Zufrieden? Dann verwende die Papierteile als Schablonen zum Anzeichnen auf dem Sperrholz. Noch nicht ganz zufrieden? Dann ändere die Fischform so lange, bis sie dir gefällt. Auf dem Foto und der Zeichnung siehst du verschiedene Möglichkeiten.

Beide Holzteile sägst du anschließend mit der Laubsäge aus. Säge wie beim Papiermodell Schlitze in beide Hälften. Die Schlitze sind genauso breit, wie das Sperrholz dick ist. Entferne eventuelle Sägespäne mit Schleifpapier und stecke beide Holzteile ineinander.

Hier siehst du einen Vorschlag, wie deine Haizeichnung aussehen könnte:

MÄUSEHAUS

MATERIAL
• Kokosnussschale, halbiert

WERKZEUG
• Japansäge
• Laubsäge
• eventuell ein Stück Leder und Holzleim

Du hast vom Backen oder Kochen eine halbe Kokosnuss übrig? Und deine Mäuse brauchen schon lange ein neues Häuschen? Prima! Dann sägst du mit der Japansäge zwei parallele, gerade Schnitte. Das ist die Türöffnung. Den runden Türbogen sägst du mit der Laubsäge aus. Soll die Tür noch ein Scharnier bekommen? Dann leimst du ein Stückchen Leder auf Tür und Türrahmen.

TIPP
Um eine Kokosnuss zu halbieren, sägst du sie mit der Japansäge in zwei Teile. Vorher bohrst du zwei Löcher, um die kostbare Koskosmilch aufzufangen; nachher lässt du dir die Kokosnuss gut schmecken. Und zum Schluss wischst du die Japansäge gut trocken ...

Paula, 11 Jahre

Arie, 11 Jahre

MATERIAL

- Esstisch: Lindenast, Ø etwa 10 cm, 7 cm lang
- Stühle: Lindenast, Ø etwa 3 cm, 21 cm lang (reicht für 3 Stühle)
- Topf, Pfanne, Teller: Lindenast, Ø 2 cm, 5 cm lang
- Becher: Lindenast, Ø 1 cm, 6 cm lang

WERKZEUG

- Japansäge
- Schraubstock
- Schleifpapier
- Bleistift

Ein Projekt für echte Sägeprofis! Topfdeckel, Becher, Teller, Pfanne, Tisch, Stuhl und Sessel – alles ist gesägt.

Wir haben das Holz vorher nur zum Teil geschält, so wirken die Möbel rustikaler und passen gut in eine Zwergenhöhle.

Beginne mit dem Esstisch. Aus dem dabei entstehenden Sägeabfall werden Sitzpolster und Rückenlehne des Sessels sowie der Couchtisch. Aus den Sägeresten der Stühle werden die Armlehnen des Sessels. Für die Teller sägst du schmale Scheiben von einem Ast ab, für Topf, Pfanne und Becher dickere. Nun musst du nur noch den Tisch decken und die neuen Bewohner einladen ...

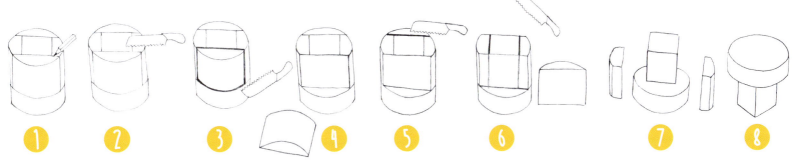

Das Tischbein zusägen

RINDENHÄUSER

MATERIAL
- Lindenrinde, Kiefernrinde oder jede andere Rinde, verschiedene Stücke, ca. 15–20 cm lang

WERKZEUG
- Japansäge
- Laubsäge für Rundungen und Fenster
- eventuell Nagelbohrer (um ein Loch für das Sägeblatt zu bohren)

TIPP

Du kannst auch ein fertiges Häuschen aus Sperrholz mit Rindenstücken verkleiden, indem du diese aufnagelst. Besonders stabil wird dein Häuschen mit einem Boden und einer Rückwand aus Sperrholz.

Rindenstücke fallen überall dort an, wo Bäume gefällt oder beschnitten werden. Oder du sammelst Rindenstücke einfach im Wald. Doch auf keinen Fall darfst du Rinde von einem lebenden Baum abschälen! Das kann den Baum so schwer beschädigen, dass er an dieser Verletzung eingeht.

Ob Zwergenhöhle, Feenhäuschen oder ein Schlaftunnel für dein Meerschweinchen: Rinde passt immer. Je nachdem, wie du die Rindenstücke zusägst, bestimmst du, wie das Häuschen aussehen wird. Schmale Streifen, große Stücke, Fenster oder Zinnen für eine Ritterburg? Wenn du die Stücke alle auf die gleiche Länge zurechtsägst, kannst du sie wie Bauklötze immer wieder anders aufbauen. Ein und dasselbe Stück könnte also Zaun, Hauswand, Dachziegel, Brücke, Straße oder Bank werden ... Zwei halbrund gebogene Stücke zusammengeschoben, ergeben einen Turm oder eine Tunnelröhre, ganz wie du möchtest.

Sägen lässt sich Rinde sehr leicht. Du darfst nur nicht zu fest aufdrücken, weil stark gewölbte Stücke beim Sägen leicht brechen. Mit einer gesägten Kante haben deine Rindenstücke eine Standfläche, du kannst sie aufstellen und losbauen.

Wenn dir dein Häuschen so gut gefällt, dass du es nicht mehr verändern willst, lassen sich die Rindenstücke mit kleinen Nägeln fixieren oder verleimen.

Hier siehst du zwei Varianten eines Rindenhäuschens:

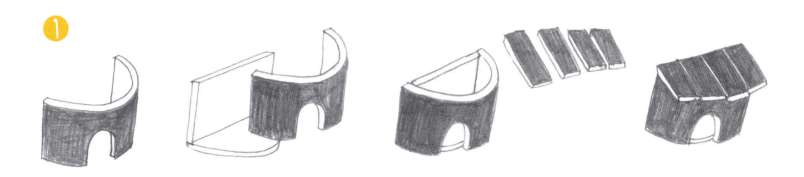

ALLIGATOR

Du wolltest schon immer einen gefährlichen Alligator auf deiner Fensterbank haben? Hier ist er! Du brauchst ihn nur aufzuzeichnen und auszusägen. Am schnellsten geht das mit einer elektrischen Stichsäge.

Achte darauf, die Alligatorbeine so anzuzeichnen, dass du die Brettaußenkanten als Fußunterseiten nimmst. Das erkennst du auf der Zeichnung. Dann steht dein Alligator garantiert sicher. Nach dem Sägen schleifst du die Kanten etwas ab und steckst die Beine an.

MATERIAL
- Brett, 1 cm dick, etwa 50 cm lang, Breite nach Belieben

WERKZEUG
- elektrische Stichsäge (oder Japansäge bzw. Laubsäge)
- Schraubstock oder Schraubzwinge
- eventuell Schnitzmesser
- Schleifpapier
- Bleistift

TIPP
Wenn du Löcher in die Zacken bohrst, kann dein Alligator Geburtstagskerzen tragen oder als Stifthalter dienen.

Arie, 11 Jahre

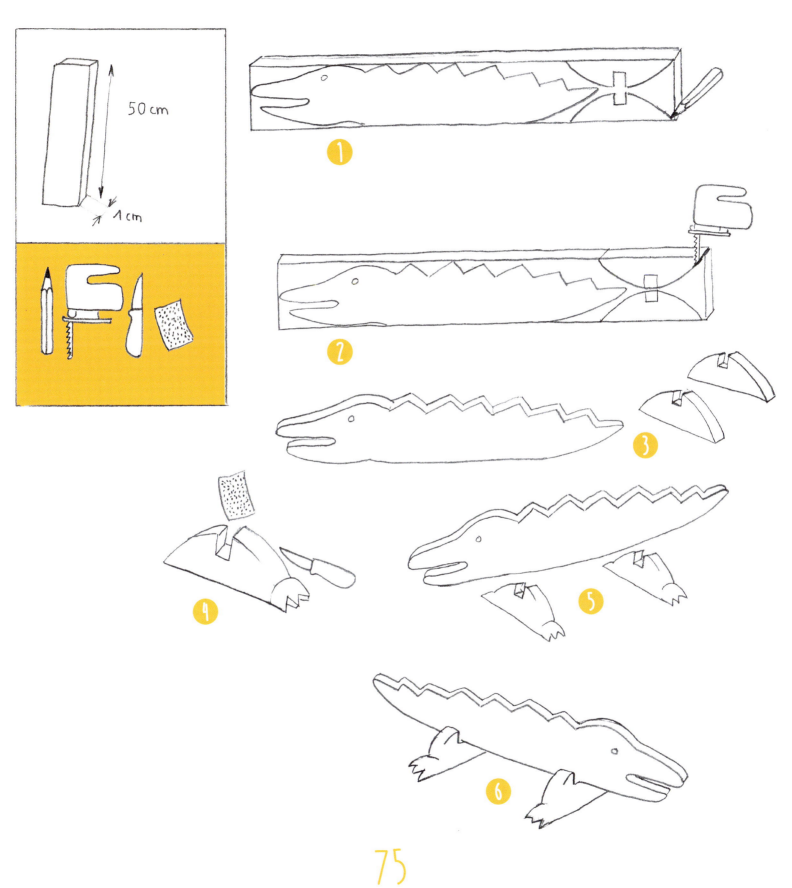

50 cm

1 cm

1

2

3

4

5

6

BOHREN

WERKZEUG

Zum Bohren brauchst du einen Bohrer. Den Bohrer wiederum bewegt eine Bohrmaschine. Es gibt viele verschiedene Arten von Bohrmaschinen. Hier siehst du, welche Bohrmaschinen in diesem Buch verwendet werden.

 HANDBOHRMASCHINE

Die Handbohrmaschine ist eine mechanische Bohrmaschine, die ohne Strom auskommt. Ihr Prinzip ist schließlich schon seit dem Mittelalter bekannt. Sie wird nur von Hand gekurbelt und der Bohrer dadurch über einen Zahnradantrieb bewegt.

Die Bohrgeschwindigkeit und Bohrrichtung bestimmst du mit deiner Kurbelei: Schnell oder langsam? Vorwärts oder rückwärts? Das Ganze heißt auch Drehzahl und Drehrichtung. In eine Handbohrmaschine kannst du Bohrer mit einem Schaftdurchmesser bis zu 9 mm einsetzen.

 BOHRWINDE

Die Bohrwinde wird ebenfalls von Hand betrieben und kommt ohne Strom aus. Auch ihr Prinzip ist seit dem Mittelalter bekannt. Du bohrst, indem du Druck auf den runden, oberen Knauf ausübst und gleichzeitig den Bügel im Uhrzeigersinn drehst. Drehrichtung und Drehzahl werden durch die Drehung des Bügels bestimmt.

 ELEKTROBOHRMASCHINE

Die Elektrobohrmaschine wird ausschließlich mit Strom betrieben und ist immer von einer Stromquelle abhängig. Die Drehzahl ist meist stufenlos regelbar, auch die Drehrichtung lässt sich ändern.

 AKKUSCHRAUBER

Einen Akkuschrauber kannst du ebenfalls als Bohrmaschine verwenden. Der Akkuschrauber ist leichter und leiser als eine Elektrobohrmaschine. Deshalb eignet er sich gut für Kinder. Außerdem muss er nicht ständig mit einer Stromquelle verbunden sein. Hauptsache, die Akkus wurden vor Arbeitsbeginn vollständig an einer Stromquelle aufgeladen. Mit einem Akkuschrauber kannst du gut Löcher bis zu einem Durchmesser von 12 mm bohren.

 STÄNDERBOHRMASCHINE

Die Ständerbohrmaschine ist eine auf einer Werkbank fest installierte Bohrmaschine, die mit Strom betrieben wird. Mit der Ständerbohrmaschine kannst du Durchmesser über 12 mm oder Löcher, die exakt senkrecht sein müssen, zuverlässig bohren. Das ist zum Beispiel für die Lager* von Fahrzeugachsen wichtig.

 BOHRFUTTERSCHLÜSSEL

Für die meisten elektrischen Bohrmaschinen brauchst du einen Bohrfutterschlüssel. Mit dem Bohrfutterschlüssel ziehst du das Bohrfutter fest an, damit dir der Bohrer nicht herausfallen kann.

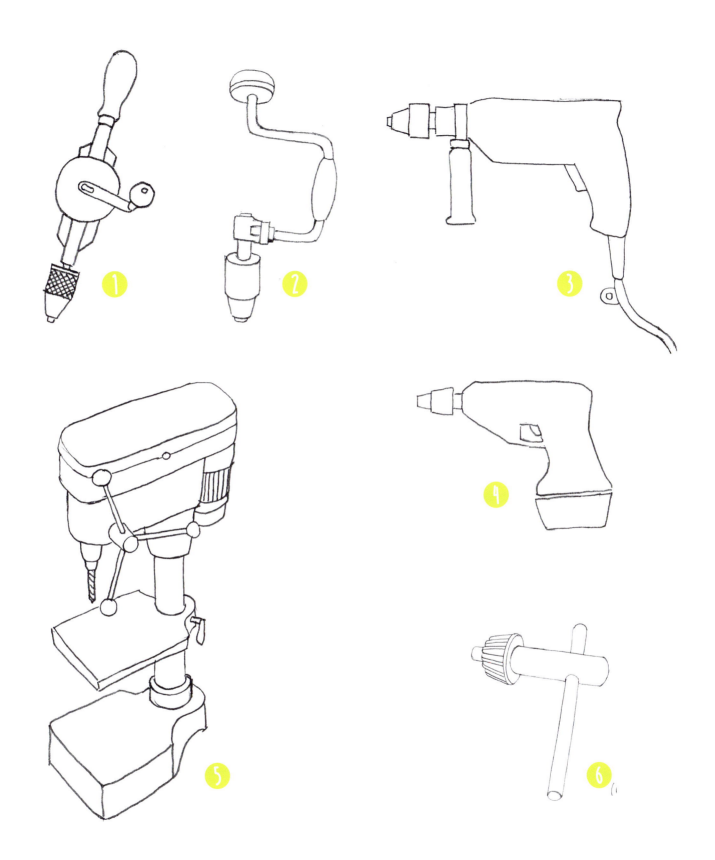

Hier findest du eine Auswahl an wichtigen Bohrern.

 NAGELBOHRER

Der Nagelbohrer, auch Vorbohrer genannt, ist der einzige Bohrer, für den du keine Bohrmaschine benötigst. Er wird einfach von Hand in das Holz gedreht. Mit ihm kannst du kleine Löcher für einen Nagel oder eine Schraube vorbohren.

 HOLZBOHRER

Einen Holzbohrer erkennst du an seiner Zentrierspitze. Diese Spitze verhindert, dass der Bohrer beim Ansetzen verrutscht. Das ist vor allem bei Hartholz wie Buche, Eiche und Robinie wichtig. Außerdem hat dieser Bohrer Vorschneider. Das sind geschliffene Schneiden, die ein scharfkantiges und ausrissfreies Bohren ermöglichen. In diesem Buch haben wir Holzbohrer von 3, 5, 6, 8, 10 und 12 mm verwendet.

 METALLBOHRER

Metallbohrer haben keine Zentrierspitze und keine Vorschneider. Du kannst sie trotzdem zum Holzbohren verwenden. Je nach Holzart kann es dir aber passieren, dass die Bohrung verrutscht oder aussplittert.

 FLACHFRÄSBOHRER

Der Flachfräsbohrer eignet sich für das Bohren größerer Löcher, etwa von 8 bis 38 mm. Er hat eine Spitze, die Führungsspitze, die das sichere Ansetzen des Bohrers ermöglicht. So kannst du auch schräg zur Werkstückfläche bohren. Der Flachfräsbohrer ist eine preisgünstige Alternative zum Forstnerbohrer.

 FORSTNERBOHRER

Mit dem Forstnerbohrer bohrst du größere Löcher von etwa 10 bis 50 mm Durchmesser. Ein Forstnerbohrer ist ein Qualitätsbohrer und deswegen etwas teurer. Mit ihm kannst du saubere und scharfkantige Löcher mit glattem Bohrgrund bohren. Einen Forstnerbohrer spannst du am besten in eine Ständerbohrmaschine ein.

 LOCHSÄGE

Die größten Löcher kannst du mit der Lochsäge bohren. Diese besteht aus einer runden Grundplatte, in deren unterschiedlichen Rillen die verschiedenen Lochsägeblätter eingeklemmt werden. Die Lochsägeblätter gibt es nur im Set mit mehreren Sägeblättern, üblicherweise von 25 bis 89 mm Durchmesser. In der Mitte der Grundplatte befindet sich der Zentrierbohrer. Den Schaft dieses Bohrers spannst du am besten in eine Ständerbohrmaschine ein. Achte darauf, mit niedrigerer Drehzahl als sonst zu bohren, da das Lochsägeblatt sehr viel schneller als der Bohrer rotiert.

Fängt das Sägeblatt zu kreischen an oder verbrennt das Holz beim Bohren, ist die Drehzahl möglicherweise zu hoch. Mit der Lochsäge kannst du perfekte Räder fertigen, deren Achsloch genau in der Mitte sitzt.

 SENKER

Mit einem Senker bohrst du eine kegelförmige Vertiefung, um zum Beispiel den Kopf einer Holzschraube zu versenken.

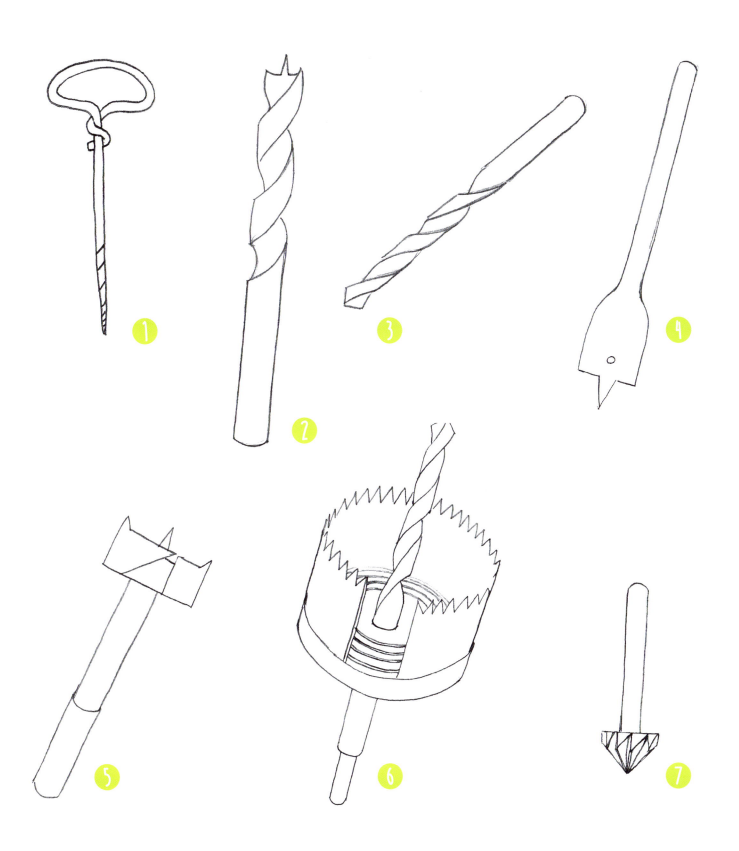

TECHNIK

Achte darauf, dass keine Haar-
strähnen, Armbänder, Ketten
oder Kleidungsteile vom rotieren-
den Bohrer erfasst werden können. Lange Haare vor dem Bohren unbedingt zusammenbinden!

- Bevor du bohren beginnst, zeichnest du deine
  Bohrung exakt und gut sichtbar an.
- Dein Werkstück spannst du in den Schraubstock ein oder fixierst es mit Schraubzwingen
  auf der Werkbank. Ein vorher untergelegter
  Holzrest verhindert, dass du in die Werkbank
  bohrst und dass die Rückseite deines gebohr-
  ten Werkstücks splittert.
- Bohrst du mit der Ständerbohrmaschine, verwendest du den Maschinenschraubstock.
- Bohre ruhig und gleichmäßig.
- Kurz bevor der Bohrer auf der Rückseite aus-
  tritt, nimmst du den Druck weg. Dadurch verhinderst du, dass die Bohrung aussplittert.

FALSCH GEBOHRT?
- Ein falsch gebohrtes Loch kannst du wieder
  verschließen, indem du einen Holzdübel ein-
  leimst.
- Kleinere Löcher schließt du mit Holzkitt.
- Eine ausgesplitterte Bohrung feilst du mit
  Rundfeile und Schleifpapier oder reparierst
  sie mit Holzkitt*.
- Eine zu kleine Bohrung kannst du mit einer
  Rundraspel, Rundfeile und Schleifpapier ver-
  größern.

TIPP
Wenn du keinen großen Bohrer zur
Hand hast, kannst du mehrere kleine
Bohrungen im Kreis nebeneinan-
der setzen, um so den gewünsch-
ten Durchmesser zu erhalten. Zum
Schluss rundest du die Bohrung mit
Rundraspel, Rundfeile und Schleif-
papier.

Trickreich: Aus mehreren kleinen Bohrungen wird ein großes Bohrloch ...

Wenn du dir eine Bohrung ausdenkst, achte darauf, sie nicht zu nah an den Rand deines Werkstücks zu legen. Sie bricht dort schnell aus. Auch
Bohrungen, die zu dicht aneinander liegen, brechen aus. Eine Bohrung in Hirnholz ist schwieriger als eine Bohrung quer zur Faser. Das wirst
du vor allem bei tieferen Bohrungen, wie zum
Beispiel für Achslager, spüren.

NAMENSSCHILD ODER HAUSNUMMER?

MATERIAL
- Holzbrettchen oder Reststück

WERKZEUG
- Bohrmaschine
- passender Senker oder Bohrer
- Bleistift

Jan, 11 Jahre

Bohren macht Spaß. Und Übung macht den Meister. Bei einem Namensschild kannst du das ausprobieren:
Mit Bleistift schreibst du deinen Namen auf und bohrst ihn nach.
Loch neben Loch neben Loch …

Oder du bohrst, wie bei der Hausnummer die Zwischenräume, nachdem du zuvor die Zahlen aufgeschrieben hast.

Tobias, 11 Jahre

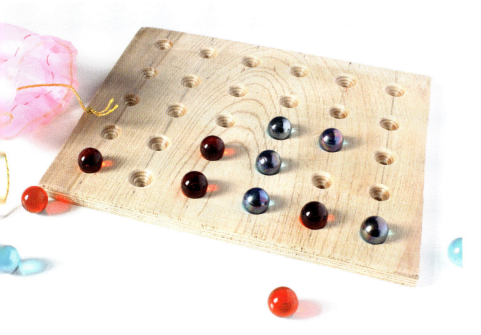

VIER GEWINNT

MATERIAL
- Sperrholzplatte oder Brett
- Murmeln (oder Steinchen, Samenkörner, Muscheln)

WERKZEUG
- Bohrmaschine
- passender Senker oder Bohrer
- Bleistift
- Lineal

Jan, 12 Jahre

Vier gewinnt, Die Liebhaberin des Kapitäns, Butter, Speck und Eier ... – so viele Namen für ein und dasselbe Spiel. Die Regeln sind einfach: Du musst versuchen, vier Steine hintereinander in einer Reihe auszulegen. Senkrecht, waagerecht oder diagonal. Und dabei gleichzeitig verhindern, dass es dein Gegenspieler vor dir schafft. Damit das Ganze funktioniert, bohrst du mindestens fünf Reihen mit jeweils sechs Löchern.

Aber es gibt auch Varianten mit mehr Löchern ... Probier's aus!

Genauso einfach wie die Spielregel ist die Herstellung des Spiels: Markiere mit Bleistift und Lineal die gewünschte Zahl an Löchern auf deinem Brett und bohre sie mit einem Senker.

RASPELN, FEILEN, SCHLEIFEN

WERKZEUG

RASPEL

Die Zähne einer Raspel werden bei ihrer Herstellung einzeln eingehauen. Sie heißen auch Hieb. Die Hiebnummer kennzeichnet die Feinheit einer Raspel. Generell gilt: Je kleiner die Hiebnummer, desto weniger Zähne hat die Raspel und desto gröber ist sie. Je größer die Hiebnummer, desto mehr Zähne hat die Raspel und desto feiner ist sie. Eine Raspel hat größere Zähne und trägt mehr Material ab als eine Feile. Ihre Zähne hinterlassen im Holz tiefe Rillen, die du anschließend mit der Feile nachbearbeiten kannst. Bei herkömmlichen Raspeln stehen die Zähne so, dass die Raspel auf Schub arbeitet. Du arbeitest also vom Körper weg.

Raspeln gibt es mit unterschiedlichen Querschnitten. Für die in diesem Buch gezeigten Holzarbeiten haben wir

1 eine Rundraspel,

2 eine Flachraspel und

3 eine Halbrundraspel verwendet.

FEILE

Die Zähne einer Feile werden durch dünne Linien eingehauen, daher die Bezeichnung „Hieb". Den Verlauf der Linien erkennst du sofort, wenn du dir die Oberfläche einer Feile anschaust.

Die Hiebnummer gibt dir die Feinheit der Feile an. Je größer die Hiebnummer ist, desto feiner ist die Feile. Eine Feile trägt weniger Material ab als eine Raspel. Dafür wird die mit einer Feile behandelte Oberfläche glatter. Im Gegensatz zu Raspeln werden Feilen auch zur Metallbearbeitung eingesetzt. Auch sie gibt es in unterschiedlichen Querschnitten. Für die im Buch vorkommende Holzarbeiten haben wir

4 eine Flachfeile,

5 eine Halbrundfeile und

6 eine Rundfeile benutzt.

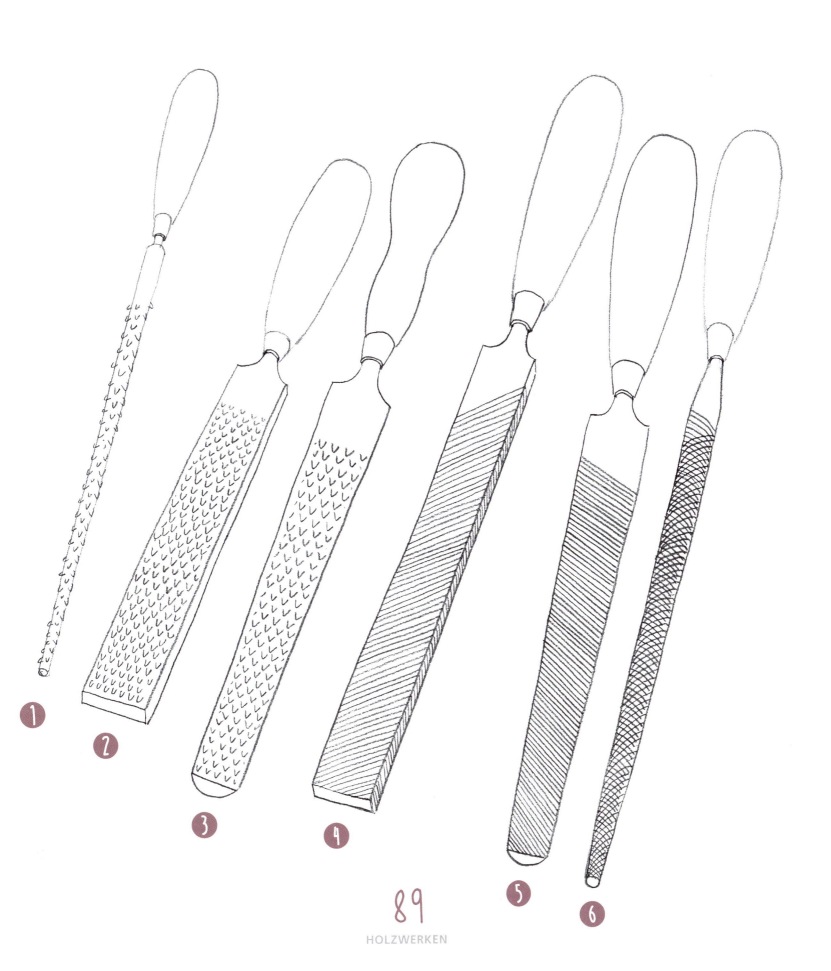

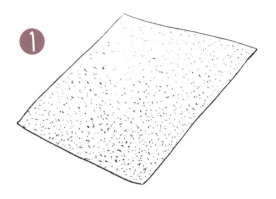

① SCHLEIFPAPIER

Zum Schleifen benötigst du Schleifpapier. Schleifpapier gibt es in unterschiedlicher Körnung, von sehr grob bis sehr fein. Die unterschiedliche Körnung des Schleifpapiers kannst du mit bloßem Auge erkennen. Oder du fühlst mit den Fingern darüber.

Auf der Rückseite des Schleifpapiers findest du eine Nummer, die dir die jeweilige Körnung genau angibt: Je höher die Nummer, desto feiner die Körnung:

- sehr grob: 50 bis 60
- grob: 80 bis 100
- mittel: 120 bis 180
- fein: 220 bis 280
- sehr fein: 320 bis 600

Für die Projekte in diesem Buch benötigst du vor allem grobes und feines Schleifpapier.

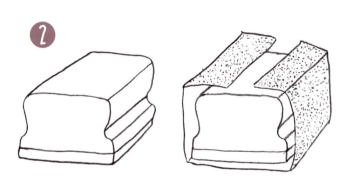

② SCHLEIFKLOTZ

Bei nur von Hand geführtem Schleifpapier besteht die Gefahr, dass sich Holzsplitter durch das Papier bohren und dich verletzen. Deswegen wickelst du dein Schleifpapier am besten um einen Schleifklotz. Als Schleifklotz kannst du ein planes, rechteckiges Holzstück verwenden. Profischreiner verwenden oft Schleifklötze aus Kork oder Holz mit aufgeklebtem Filz.

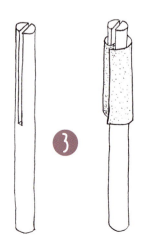

③ SCHLEIFSTAB

Wenn du ein Rundholz* in Längsrichtung einsägst, kannst du in den Sägeschlitz ein Stück Schleifpapier klemmen. So erhältst du ein wunderbares Werkzeug, um beispielsweise Bohrungen zu schleifen: einen Schleifstab.

TECHNIK

RASPELN

- Markiere die Stelle, an der du Material abtragen möchtest, deutlich sichtbar mit einem Bleistift.
- Spanne dein Werkstück fest in den Schraubstock ein, so dass es beim Raspeln nicht federn kann.
- Zum Raspeln stehst du in Schrittstellung vor der Werkbank, damit du mit deinem ganzen Körper mit der Bewegung mitgehen kannst.
- Arbeite mit ruhigen gleichmäßigen Zügen. Die Raspel bewegst du vom Körper weg. Nutze dabei die gesamte Länge der Raspel.
- Wenn du die Raspel mit der rechten Hand am Griff hältst, gibst du mit den Fingern der linken Hand zusätzlichen Druck auf die Spitze der Raspel. Linkshänder machen es umgekehrt.
- Beim Zurückführen hebst du die Zahnung vom Werkstück ab.
- Stirnkanten von Sperrholz und Hirnholzstellen musst du vorsichtig raspeln, da hier schnell Späne ausbrechen.
- Achte darauf, nicht in den Schraubstock zu raspeln. Davon wird deine Raspel schnell stumpf und unbrauchbar.

FEILEN

- Für das Feilen gilt das Gleiche wie beim Raspeln: Auch die Feile wird beidhändig geführt, eine Hand an der Spitze, eine am Griff. Es gibt nur einen Unterschied. Beim Feilen brauchst du beim Zurückführen der Feile die Zahnung nicht vom Werkstück abzuheben.

SCHLEIFEN

- Zum Schleifen spannst du dein Werkstück ein oder befestigst es mit Schraubzwingen auf der Werkbank.
- Wickle Schleifpapier um einen Schleifklotz und glätte dein Werkstück, indem du in Faserrichtung schleifst.
- Wenn du nur leicht über eine Fläche streichen willst, lege den Schleifklotz beiseite und übe mit den Fingerspitzen leichten Druck auf das Schleifpapier aus.
- Hat sich das Schleifpapier mit Schleifstaub zugesetzt, klopfst du es gegen die Werkbank aus.
- Beginne mit einer groben Körnung und verwende anschließend eine feinere Körnung, um die Kratzer des vorherigen Papiers wegzuschleifen.
- Wenn dir die Oberfläche so glatt wie möglich erscheint, wässere das Holz mit einem feuchten Tuch. Dadurch quellen die Holzfasern auf. Warte, bis das Holz getrocknet ist, und schleife es erneut leicht mit feinem Schleifpapier. So erhältst du eine wunderbar glatte Oberfläche.

Patrich, 11 Jahre

Durch Raspeln, Feilen oder Schleifen kannst du Holz jede von dir gewünschte Form geben. Dabei werden von deinem Werkstück feine Späne abgehoben. Deswegen heißt diese Art der Holzbearbeitung auch spanabhebende Bearbeitung. Wenn du Kanten entschärfen, Unebenheiten und raue Stellen entfernen, Holzoberflächen zum Leimen oder Streichen vorbereiten möchtest, ist diese Technik gut geeignet.

Oft fällt es leichter, Rundungen an Hirnholzstellen zu raspeln als zu schnitzen. Probier's aus! Eine geraspelte, gefeilte und geschliffene Form wirkt außerdem weicher als eine geschnitzte. Auch das kannst du testen.

RENNAUTO

MATERIAL

- Stück Dachlatte, etwa 15 cm lang
- Achse und Räder von altem Spielzeugauto

WERKZEUG

- Flachraspel, Rundraspel
- Feile
- Schleifpapier
- Bohrmaschine
- passender Bohrer
- Schraubstock
- Bleistift

Dieses Rennauto ist im Handumdrehen gebaut: Die Form der Karosserie zeichnest du mit Bleistift auf ein Stück Dachlatte. Dann raspelst, feilst, schleifst du die Form zurecht. Für die Räder bohrst du passende Achslöcher, steckst die Räder auf – und ab die Post!

Patrich, 11 Jahre

Patrich, 11 Jahre

MUSKELPROTZ

MATERIAL
- Körper: Lindenast, Ø 3–5 cm, etwa 15 cm lang
- Arme: 2 Lindenäste, Ø etwa 2 cm, etwa 10 cm lang
- Rundholz, Ø 3 mm, 6 cm lang

WERKZEUG
- Schnitzmesser
- Japansäge
- Schraubstock
- Rundraspel
- Rundfeile
- Flachraspel
- Halbrundfeile
- Schleifpapier
- Bohrmaschine
- passender Bohrer
- Bleistift

Der Muskelprotz hat bewegliche Arme, damit er tüchtig Gewichte stemmen kann. Die Figur ist hauptsächlich durch Raspeln und Feilen entstanden. Körper und Arme werden getrennt ausgearbeitet.

Als Erstes schälst du die Rinde von den Ästen ab und zeichnest die Figur an. Genau wie beim Schnitzen einer Figur sägst du den Hals mit einer umlaufenden Linie ein (siehe Seite 47). Die Beine sägst du auf (siehe Seite 43).

Dann kannst du losraspeln. Spanne dein Männchen dazu in einen Schraubstock. Auch die Form der Arme wird geraspelt und gefeilt. Ist alles fertig, bohrst du mit dem Bohrer an der Schulter ein Loch durch den Körper und beide Arme. Du steckst ein Rundholz hindurch und leimst es mit wenig Kleber nur an den Armen fest!

96

LEIMEN

WERKZEUG

Zum Leimen benötigst du Leim, einen Leimspachtel, Schraubzwingen und Leisten oder Brettchen als Unterlagen.

LEIM

Der Leim wird auch Holzleim oder Weißleim genannt. Es handelt sich um eine weiße zähfließende Masse, die nach dem Abbinden, also Trocknen, durchsichtig wird. Die meisten heute gebräuchlichen Holzleime sind Kunststoffleime. Der Kunststoff ist in Wasser gelöst. Die Kunststoffteilchen binden ab, indem das Wasser verdunstet oder vom Holz aufgesogen wird.

Holzleim ist nur wasserfest, wenn dies ausdrücklich auf der Flasche steht. Bei kniffligen Leimungen mit kleiner Klebefläche oder wenn es schnell gehen soll, verwendest du am besten einen Express-Leim. Dieser bindet schneller ab als normaler Holzleim, ist dafür aber oft nicht wasserfest. Auch hier muss ein eindeutiger Hinweis auf der Flasche stehen.

LEIMSPACHTEL

Einen Leimspachtel brauchst du, um den Leim zu einem dünnen Film auf dem Werkstück zu verstreichen. Aus dem Bast von Lindenholzrinde kannst du wunderbare Leimspachtel fertigen. Aber auch ein Stück Pappe oder Papier eignet sich dafür.

Leim lässt sich außerdem mit einem Pinsel auftragen. Das hat allerdings den Nachteil, dass du ihn sofort mit Wasser auswaschen musst. Sonst wird er hart und unbrauchbar.

SCHRAUBZWINGE

Die Schraubzwinge ist ein Spannwerkzeug, um die zu verbindenden Teile fest aneinanderzupressen. Eine Schraubzwinge kannst du ebenfalls benutzen, um ein Werkstück auf der Werkbank zu fixieren.

SCHNELLSPANNZWINGE

Die Schnellspannzwinge, auch Klemmsia®-Zwinge oder Leichtzwinge genannt, ist ein Spannwerkzeug, mit dem du verleimte Teile zusammenpressen kannst. Die Zwinge wird durch Umlegen eines Hebels gespannt. Vielen fällt das leichter, als eine Schraubzwinge fest anzuziehen. Außerdem lässt sich die Schnellspannzwinge schneller lösen. Eine Korkauflage auf den Spannbacken schont empfindliche Werkstücke.

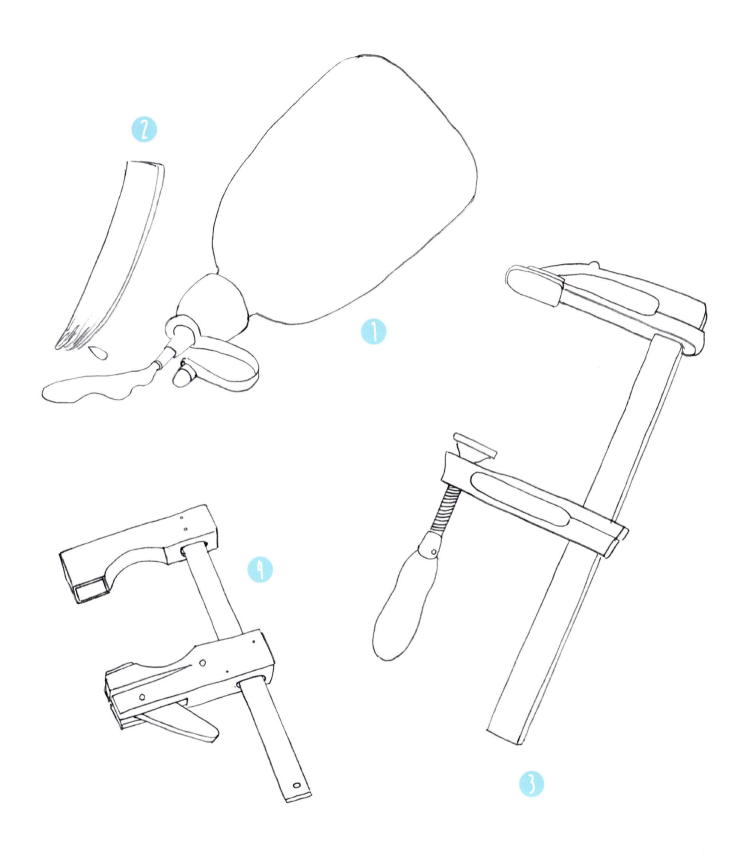

TECHNIK

Arbeite am besten auf einer Werkbank. Wenn du ein Papier unterlegst, schützt du die Werkbank vor herabtropfendem Leim.
Achte darauf, den richtigen Leim auszuwählen: Projekte für draußen und Schiffe klebst du mit wasserfestem Leim.

- Überprüfe, ob die zu verleimenden Teile trocken, staub- und fettfrei sind. Entferne vor der Leimung alte Farb- oder Leimreste, da Holzleim nur rohes Holz miteinander verbinden kann.
- Sitzen die zu verleimenden Teile passgenau aufeinander? Wenn nicht, verbessere die Klebefläche mit Feile und Schleifpapier.
- Markiere die Klebefläche mit Bleistift, damit du nicht mehr Leim als nötig aufträgst.
- Lege genügend Schraubzwingen griffbereit und öffne sie schon vorher auf die passende Weite.
- Die meisten Leimflaschen haben eine spitz zulaufende Tülle. Nachdem du diese aufgeschnitten hast, kannst du den Leim direkt aus der Flasche mit einer dünnen Schlangenlinie auf dein Werkstück auftragen.
- Anschließend verstreichst du die Schlangenlinie mit dem Leimspachtel zu einem hauchdünnen Film.
- Die beiden Teile fügst du zusammen und legst rasch die Schraubzwingen an. Beim Anziehen der Schraubzwingen sollte überall entlang der Klebefuge ein wenig Leim austreten.

Tritt kein Leim ringsum aus der Klebefuge? Dann hast du ...
- ... zu wenig Leim aufgetragen,
- ... die Schraubzwingen nicht fest genug angezogen,
- ... zu wenig Schraubzwingen angesetzt
- ... oder die Klebeflächen nicht so bearbeitet, dass sie genau aufeinander passen.

Die ersten drei Fehler kannst du schnell korrigieren. Sind hingegen die Klebeflächen nicht passgenau, dann musst du den aufgetragenen Leim abschaben und die Klebeflächen passgenau raspeln und feilen.

Kurz bevor der Holzleim seine weiße Farbe ändert und glasig durchsichtig wird, lässt sich der an der Klebefuge ausgetretene Leim mit einem Spachtel entfernen. Am sichersten halten Leimverbindungen, wenn du sie über Nacht in den Schraubzwingen eingespannt trocknen lässt.

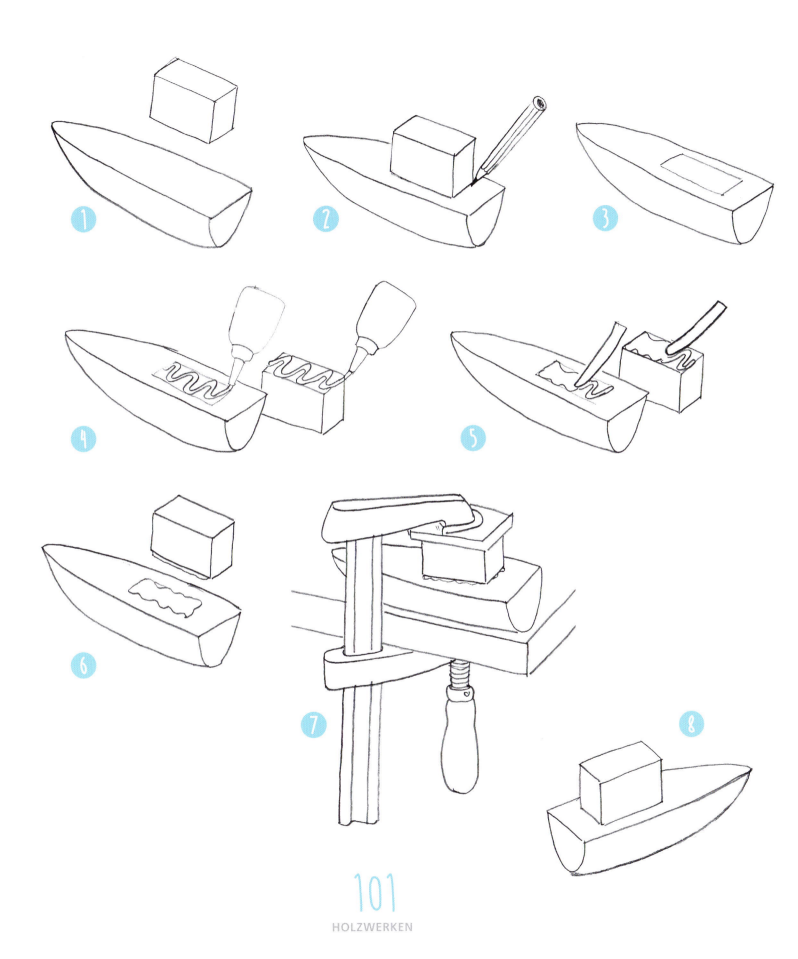

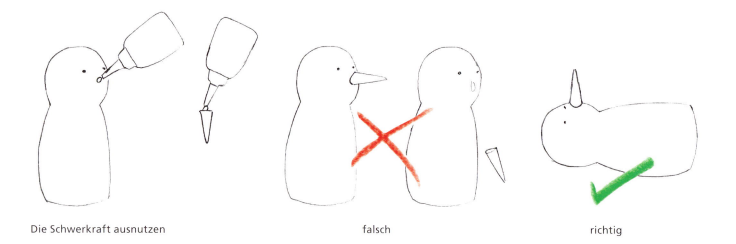

Die Schwerkraft ausnutzen

falsch

richtig

Bei manchen kleinteiligen Leimungen ist es schwierig, eine Schraubzwinge anzusetzen. Du kannst hier die Schwerkraft ausnutzen oder einfach ein Gewicht auf die zu leimenden Teile legen. Schnur, Gummiband oder Spanngurt helfen dir, auch unförmige Werkstücke zusammenzupressen.

DIE LEIMUNG HÄLT NICHT? WAS TUN?

Das passiert, wenn du die frisch geleimten Teile zu früh bewegst oder wenn du zu wenig Leim aufgetragen hast. Bei extrem trockenem Holz oder an Hirnholzstellen wird das Wasser aus dem Leim zu schnell aufgesogen. Du kannst den Klebevorgang wiederholen und mehr Leim auftragen oder mit Holzdübeln* arbeiten. Auch bei zu kleinen Klebeflächen kann es passieren, dass die Leimung nicht hält. Dann solltest du versuchen, die Klebefläche zu vergrößern. So kannst du zum Beispiel ein Loch bohren, um kleinen Teilen wie Füßchen, Schnäbeln, Lenkradstangen und Schiffsmasten mehr Halt zu geben.

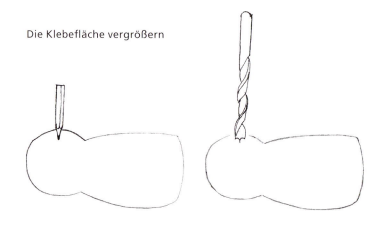

Die Klebefläche vergrößern

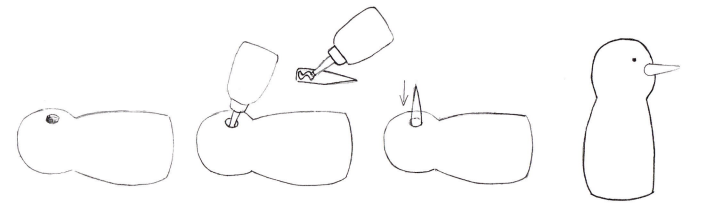

Um Holzstücke dauerhaft miteinander zu verbinden, kannst du sie verleimen. Aber Leimverbindung lassen sich meistens nicht wieder trennen, ohne dass etwas kaputtgeht. Leimverbindungen gehören also zu den nicht lösbaren Holzverbindungen. Deswegen solltest du dir Leimverbindungen vorher genau überlegen.

Das Wichtigste dabei ist, dass die zu verleimenden Teile exakt aufeinander passen. Dann ist Leimen eine elegante Art, um Holz zu verbinden: Eine gute Leimung ist fast unsichtbar, dauerhaft und sehr stabil. Leimen kannst du übrigens fast alles, vom winzigen Vogelbeinchen bis hin zu dicken Balken.

LICHTHÄUSCHEN

MATERIAL
- Sperrholzplatte, etwa 3 mm dick
- Teelicht

WERKZEUG
- Laubsäge
- Japansäge
- Bohrmaschine
- passender Bohrer
- Holzleim
- Schleifpapier
- Winkel
- Lineal
- Bleistift

Hier wird nur gesägt und geleimt. Zeichne zuerst alle Teile auf eine Sperrholzplatte auf und säge sie mit der Laubsäge aus. Wie du ein Fenster aussägst, kannst du auf Seite 64 nachlesen. Die ausgesägten Teile leimst du auf eine Grundplatte, die eine Rückwand bekommt. Das fertige Häuschen wirkt im Dunkeln besonders schön, wenn das warme Kerzenlicht durch das Fenster fällt.

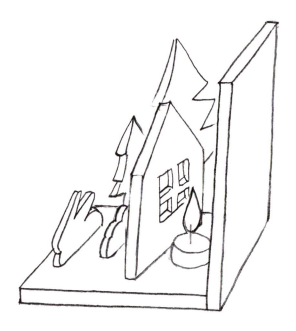

Rosalie, 11 Jahre

WOHNZIMMER

Wer nachts in diesem Wohnzimmerchen heimlich auf dem Sofa Platz nimmt und Fernsehen schaut, bleibt ein großes Geheimnis. Aber ganz bestimmt kannst du das Wohnzimmer leicht nachbauen: Du leimst einfach verschiedene Holzreste zusammen. Und ehe du dich versiehst, stehen vor dir Sofa, Couchtisch, Fernseher und eine Lampe. Vielleicht brauchen die Bewohner noch ein Bad, eine Küche oder Werkstatt?

MATERIAL
- Brettchen
- verschiedene Holzreste, eckig und rund

WERKZEUG
- Holzleim
- Leimspachtel
- Bleistift
- eventuell Japansäge
- Nagelbohrer

Floor, 9 Jahre

HINDERNISBAHN

MATERIAL
- 2 gleich große Holzplatten
- Holzleisten
- Holzreste
- Murmeln

WERKZEUG
- Holzleim
- Japansäge
- Bohrmaschine und Bohrer
- Schleifpapier

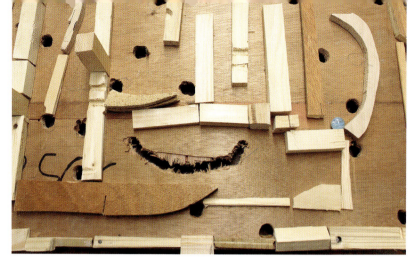

Jana, 12 Jahre

Bei dieser Hindernisbahn wird durch Kippen der Platte die Murmel zum Ziel gerollt. Löcher in der Bahn machen die Reise zu einem Geschicklichkeitsspiel. Hier musst du vor allem leimen.

Zeichne auf die erste Platte deine Bahn auf und bohre die Löcher. Sie müssen groß genug für die Murmel sein. Als Bahnbegrenzung leimst du Holzreste auf. Auf die zweite Platte leimst du rundherum einen Rand aus gleich hohen Holzleisten. Die Holzleisten müssen höher sein als der Durchmesser der Murmel.

Wie einen Deckel leimst du zum Schluss die erste Platte mit der Bahn auf die zweite Platte mit den Holzleisten. Jetzt hast du eine Art doppelten Boden, der die Murmel auffängt, wenn sie durch eines der Löcher fällt.

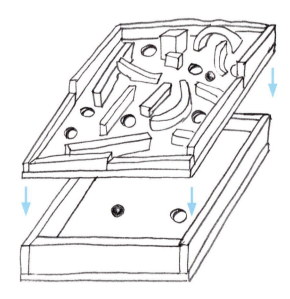

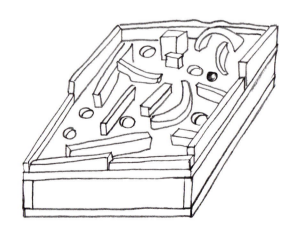

TIPP

Wenn deine Murmelbahn sehr groß und schwer geworden ist, brauchst du einen Mitspieler, um die Bahn hin und her zu kippen. Du kannst aber einfach einen alten Topfdeckel unterlegen und über dessen Griff wippen. Bohrst du ein Loch in die untere Platte, scheppert es herrlich, wenn die Murmel in den Topfdeckel fällt.

108

NAGELN

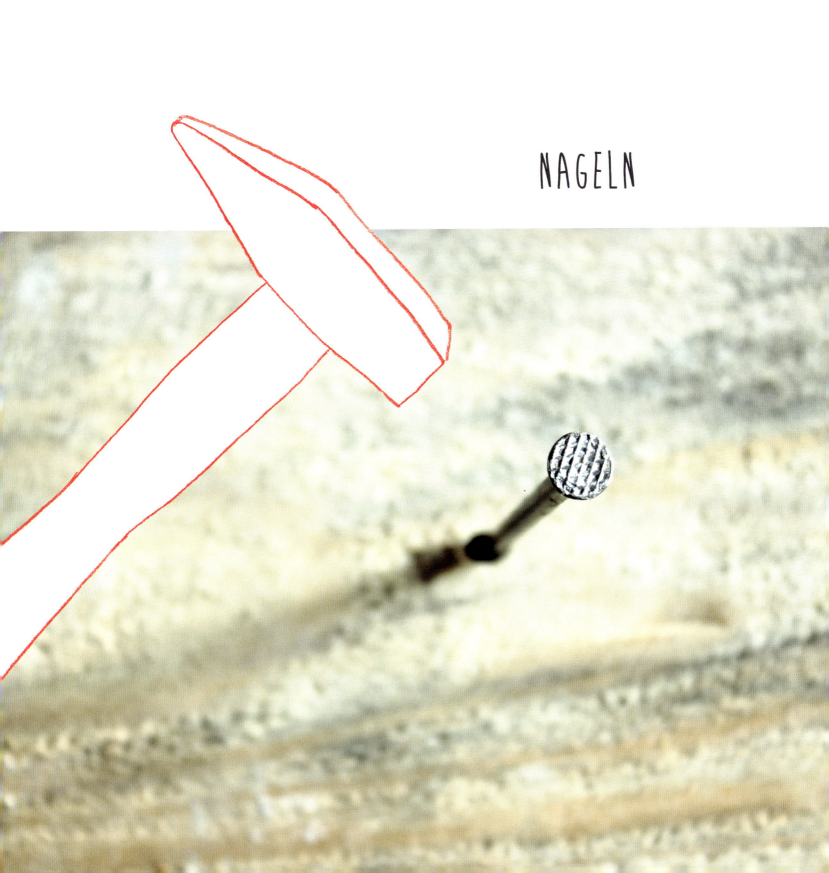

WERKZEUG

Zum Nageln brauchst du Nägel, einen Hammer und manchmal eine Kneifzange oder einen Klauenhammer.

NÄGEL

Es gibt viele verschiedene Arten von Nägeln. Die Größe von Nägeln wird durch zwei Zahlen angegeben, den Nageldurchmesser und die Nagellänge. So bedeutet die Angabe 2,5 x 35, dass ein Nagel einen Durchmesser von 2,5 mm und eine Länge von 35 mm hat. Für die im Buch vorkommenden Arbeiten wurden folgende Nägel verwendet:

1 **Drahtstifte** werden in der Regel aus ungehärtetem Stahl hergestellt. Sie eignen sich gut zum Verbinden von Holzteilen und reichen meist völlig aus. Drahtstifte mit Senkkopf **1a** dienen der schnellen Befestigung. Wenn du sie zu tief einschlägst, neigen sie zur Rissbildung. Gestauchte Drahtstifte **1b** lassen sich versenken und sind zugekittet fast unsichtbar.

2 **Stahlnägel** werden aus gehärtetem Stahl hergestellt. Sie sind robuster als Drahtstifte und können zum Beispiel auch in Mauerwerk geschlagen werden.

3 **Polsternägel** haben einen großen runden Kopf und dienen der Befestigung von Polsterbezügen.

4 Mit **Dachpappenstiften** wird Dachpappe festgenagelt. Die Stifte haben einen großen, breiten Kopf, der das Ausreißen der Dachpappe verhindert.

Du kannst mit ihnen auch gut andere Materialien wie Bleche, Pappen, Platten, Stoffe und Gummi auf Holz nageln, wenn du ein Ausreißen verhindern möchtest.

5 **KRAMPEN**

Sie dienen eigentlich der Befestigung von Drahtzäunen. Sie haben zwei angespitzte Enden und werden wie Nägel in das Holz geschlagen. Bei den Projekten werden sie überall da verwendet, wo kleine Ösen notwenig sind. Zum Beispiel, um an Booten und Schiffen eine Schnur zu befestigen. Oder als Anhängerkupplungen bei Fahrzeugen.

6 **HAMMER**

Mit dem Hammer schlägst du die Nägel ein. Es gibt verschieden große und schwere Hämmer. Die Größe eines Hammers wird durch sein Gewicht in Gramm angegeben. Diese Zahl ist in den Hammerkopf eingeprägt. Wir haben vor allem einen 200 g schweren Hammer verwendet. Wenn du den Hammer beim Nageln nicht am Stielende halten kannst, ist der Hammer zu schwer für dich.

7 **KNEIFZANGE**

Mit der Kneifzange ziehst du verbogene Stifte und kleine Nägel wieder aus dem Holz heraus.

8 **KLAUENHAMMER**

Der Klauenhammer hat zwei Funktionen: Mit dem Hammerkopf schlägst du Nägel ein. Mit der gespaltenen Finne, der Klaue, ziehst du verbogene Nägel wieder heraus. Der Klauenhammer eignet sich vor allem für große Nägel.

9 **SPITZZANGE**

Mit einer Spitzzange kannst du beim Nageln kleine Nägel halten, ohne dir auf die Finger zu schlagen.

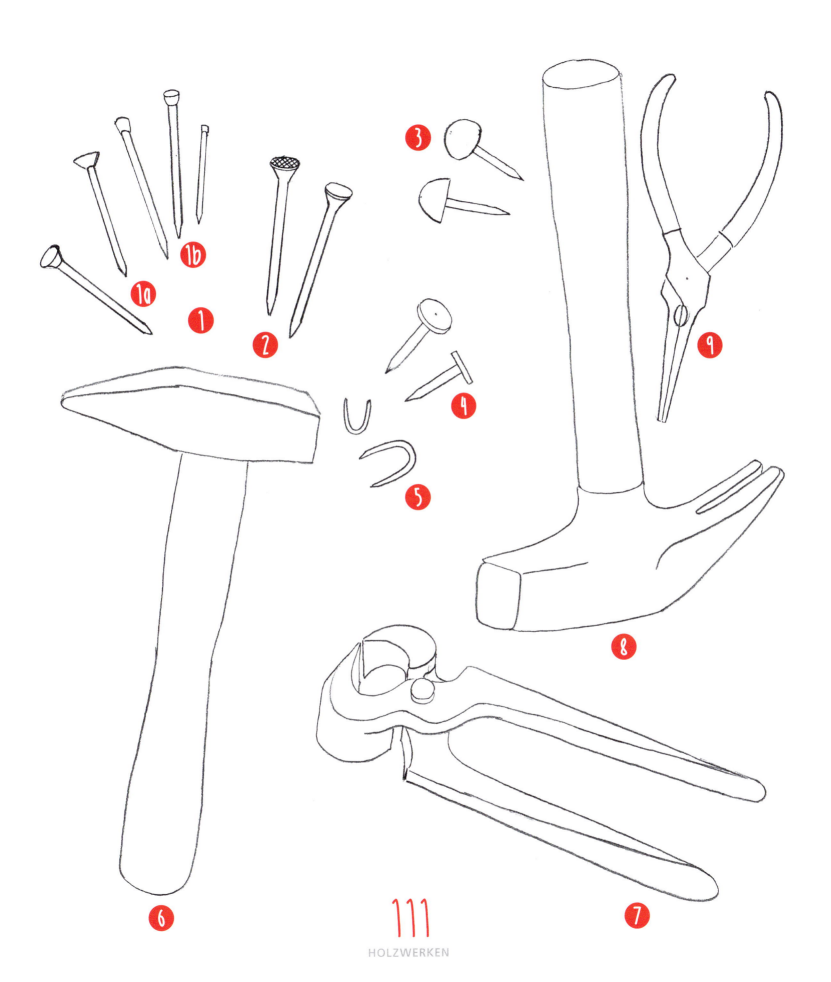

111

TECHNIK

- Wähle immer den dünnsten und kürzesten Nagel, der sich für dein Werkstück eignet. Als Faustregel gilt: Zwei Drittel des Nagels sollten im haltenden Holzteil sitzen.
- Halte den Nagel zwischen Daumen und Zeigefinger und klopfe mit dem Hammer leicht darauf. Hält der Nagel von alleine, kannst du kräftiger zuschlagen.
- Schlage senkrecht auf den Nagel. Halte den Hammer am Stielende und hole nur mit dem Unterarm aus. Versuche dabei, dein Handgelenk möglichst steif zu halten.
- Kleine Nägel schlägst du mit der schmalen Seite des Hammers, der Finne ein. Du kannst sie vorher mit einem kleinen Knetklumpen fixieren oder mit einem eingeschnittenen Pappstreifen bzw. einer Spitzzange halten.
- Nägel, die zu nah an die Kante eines Holzstückes eingeschlagen werden, bilden oft Risse in Faserrichtung, da der Nagel die Holzfasern spaltet.
- Das kannst du verhindern, wenn du den Nagel vorher stauchst. Dazu stumpfst du die Nagelspitze mit einem Hammerschlag ab. Ein gestauchter Nagel drückt die Holzfasern herunter, statt sie zu spalten.
- Bei Hartholz solltest du ein Loch vorbohren oder die Nagelspitze kappen. Die gekappte Nagelspitze zerschneidet beim Eintreiben die Fasern, wodurch sich der Nagel leichter eintreiben lässt.

DER NAGEL LÄSST SICH NICHT EINSCHLAGEN? WAS TUN?

Vielleicht ist dein Hammer zu leicht. Wähle einen schwereren Hammer oder, wenn möglich, kleinere Nägel. Du kannst auch mit einem dünnen Bohrer vorbohren (siehe Seite 80).

Wichtig ist, dass dein Werkstück beim Nageln nicht federt. Sonst musst du es umlagern oder besser fixieren.

FALSCH GENAGELT? WAS NUN?

Hast du falsch genagelt oder den Nagel beim Einschlagen verbogen, kannst du ihn mit einer Kneifzange oder einem Klauenhammer wieder herausziehen. Halte dazu die Kneifzange senkrecht und packe den Nagel mit dem Zangenmaul. Die Zangengriffe weiter zusammenpressend rollst du die Zange über eine ihrer Backen ab.

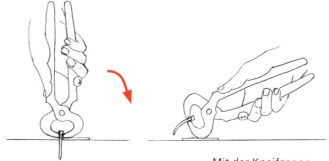

Mit der Kneifzange ...

Lange Nägel musst du schrittweise herausziehen. Bei einem Klauenhammer schiebst du die Klaue unter den Nagelkopf und hebelst ihn mit dem Hammerstiel heraus. Ein untergelegtes Stück Karton schützt dabei die Holzoberfläche.

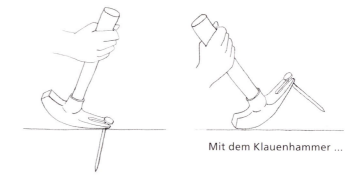

Mit dem Klauenhammer ...

Um Holzteile dauerhaft miteinander zu verbinden, kannst du sie nageln. Meistens lassen sich genagelte Holzteile wieder trennen, ohne etwas kaputtzumachen. Deswegen gehört Nageln zu den lösbaren Holzverbindungen.

Nageln ist die schnellste und einfachste Methode, um Holz zu verbinden. Bei Nagelverbindungen solltest du bedenken, dass sie durch dauerhafte Bewegung gelockert werden können. So wird ein angenageltes Rad möglicherweise abfallen. Oder ein genageltes Floß fällt auseinander, weil durch die Wellenbewegung die Nägel mit der Zeit herausgezogen werden.

Du kannst mit Nägeln nicht nur Holz verbinden, sondern sie auch zur Gestaltung einsetzen, zum Beispiel für ein Bild oder ein Stacheltier.

Und dann ein Trick für dich: Wenn du den Nagel unter einem vorher angehobenen Span verbirgst, ist eine Nagelverbindung kaum sichtbar.

NAGELBILD

Ludwig, 7 Jahre

MATERIAL
- Brettchen oder Holzrest

WERKZEUG
- Bleistift
- Dachpappennägel (oder Polsternägel, Drahtstifte)
- Hammer

Mit Nägeln kannst du nicht nur Holzstücke verbinden, sondern auch Bilder nageln! Ganz gleich ob Tier, Männchen, Landschaft oder dein Name: Zeichne dein Bild auf ein Brettchen – und schon kannst du losnageln.

Boris, 8 Jahre

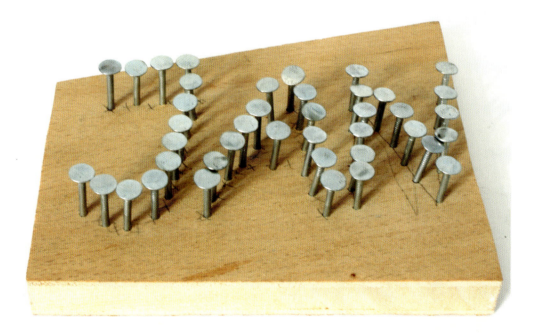

Jan, 12 Jahre

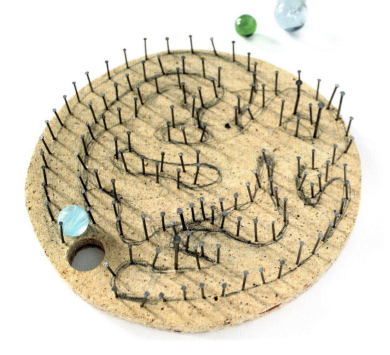

MURMELLABYRINTH

MATERIAL
- Brettchen oder Holzrest
- Nägel
- Murmel

WERKZEUG
- Hammer
- Bohrmaschine
- passender Bohrer
- Bleistift

Klipperdiklapper … Es fällt wirklich schwer, dieses Spiel wieder aus der Hand zu legen, so bezaubernd ist der Klang, wenn die Murmel gegen die Nägel prallt. Wie ein helles Glockenspiel.

Das Spiel ist schnell hergestellt: Auf ein beliebiges Brettchen zeichnest du mit Bleistift ein Labyrinth vor. Jeder Labyrinthweg besteht aus zwei nebeneinander herlaufenden Linien. Am Endpunkt bohrst du ein Loch, durch das die Murmel passt. Dann nagelst du die Einzäunung und beginnst zu spielen. Im Film kannst du dir den Klang schon mal anhören.

York, 11 Jahre

HOLZWERKEN

SCHRAUBEN

WERKZEUG

❶ SCHRAUBEN

Um Holzteile miteinander zu verschrauben, brauchst du erst einmal Schrauben. Es gibt für verschiedene Materialien und Zwecke bestimmte Schraubentypen. Für die im Buch vorkommenden Holzverbindungen haben wir Universal-Allzweckschrauben mit Kreuzschlitz verwendet. Es gibt sie mit Schaft ❶ⓐ und ohne Schaft ❶ⓑ.

Zum Verbinden zweier Holzteile ohne Spaltbildung verwendest du eine Schraube mit Schaft. Hakenschrauben ❶ⓒ und Ringschrauben ❶ⓓ besitzen anstelle des Schraubenkopfs einen Haken oder Ring. Deswegen eignen sie sich sehr gut für Anhängerkupplungen bei Fahrzeugen. Haken- und Ringschrauben werden von Hand in das Holz geschraubt. Das geht leichter, wenn du mit einem Nagelbohrer vorbohrst.

Die Größe von Schrauben wird durch zwei Zahlen angegeben: durch den Schraubendurchmesser und die Schraubenlänge. So bezeichnet die Angabe 3,5 x 45 auf der Schraubenpackung eine Schraube mit 3,5 mm Durchmesser und einer Länge von 45 mm.

❷ SCHRAUBENDREHER

Mit einem Schraubendreher, oft als Schraubenzieher bezeichnet, drehst du Schrauben ein. Für jeden Schraubentyp und jede Schraubengröße gibt es den entsprechenden Schraubendreher. Für Kreuzschlitzschrauben verwendest du am besten einen Kreuzschlitzschraubendreher.

❸ AKKUSCHRAUBER

Ein Akkuschrauber ist ein mit Akku betriebener Schraubendreher. Für die verschiedensten Schrauben hat er passende Einsätze, sie werden ❹ Bits genannt.

Durch einfaches Umschalten lässt sich die Drehrichtung ändern, so dass die Schrauben sowohl ins Holz hinein- als auch wieder herausgedreht werden können. Auch die Drehzahl lässt sich je nach Schraubengröße und Härte des Holzes ändern.

Wenn man einen Bohrer einspannt, wird aus einem Akkuschrauber ein kleiner Akkubohrer. Für Kinder ist er einfacher zu bedienen als eine elektrische Bohrmaschine. Denn er ist viel leichter und hat kein störendes Kabel.

Vor allem beim Verschrauben von Hartholz oder bei sehr langen und dicken Schrauben ist ein Akkuschrauber ziemlich praktisch.

BOHRER UND SENKER

Zum Vorbohren und Versenken einer Schraube brauchst du einen Bohrer und Senker. Mehr dazu erfährst du auf Seite 80.

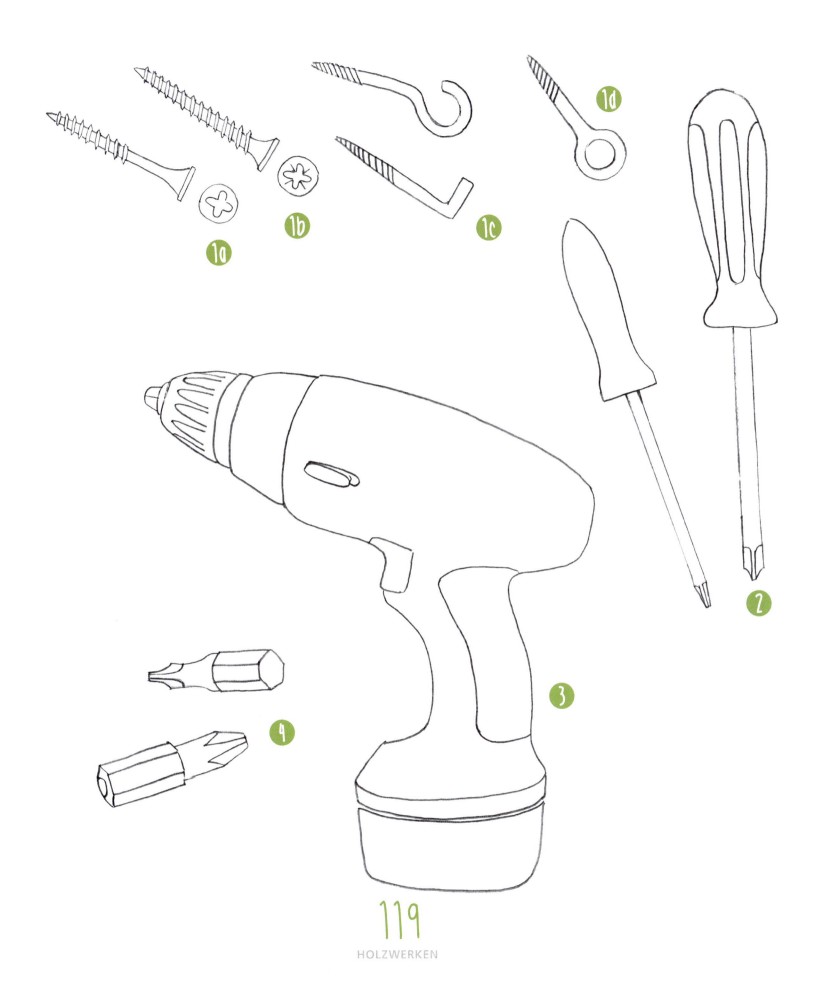

1a

1b

1c

1d

2

3

4

119

TECHNIK

- Suche deinen Schraubendreher passend zu Schraubentyp und Schraubengröße aus. Nicht passende Schraubendreher können die Schraube oder dein Werkstück beschädigen. Außerdem besteht die Gefahr, dass du beim Schrauben abrutschst und dich verletzt.
- Lagere dein Werkstück so, dass du beim Schrauben Druck ausüben kannst, ohne dass es dir wegrutscht oder federt.
- Halte deinen Schraubendreher oder Akkuschrauber möglichst senkrecht und übe beim Schrauben Druck von oben aus.
- Rattert der Akkuschrauber beim Eindrehen der Schraube? Dann passt dein Bit nicht richtig. Oder du übst nicht genügend Druck von oben aus.
- Auch wenn neuere Schrauben ein selbstschneidendes Gewinde haben, ist Schrauben leichter, wenn du vorbohrst. So verhinderst du, dass das Holz beim Eindrehen der Schraube reißt oder die Schraube auf halbem Weg stecken bleibt. Vor allem bei Hartholz ist das wichtig. Vorbohren kannst du mit einem Nagelbohrer (siehe Seite 80) oder einem dünnen Holzbohrer. Dieser darf aber nicht größer sein als das Gewinde der Schraube.

Schrauben, die nicht über die Oberfläche deines Werkstücks hinausstehen sollen, musst du versenken. Das heißt, du bohrst ein größeres Loch, in dem der Schraubenkopf versinken kann. Dafür verwendest du einen Senker (siehe Seite 80). Wenn du keinen hast, kannst du einfach einen Bohrer benutzen. Dessen Durchmesser sollte etwas größer sein als der Durchmesser des Schraubenkopfs.

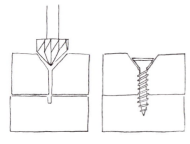

Eine Schraube versenken

TIPP
Wenn du keine passenden Schrauben zur Hand hast, kannst du eine zu kurze Schraube dennoch verwenden. Du musst sie nur versenken.

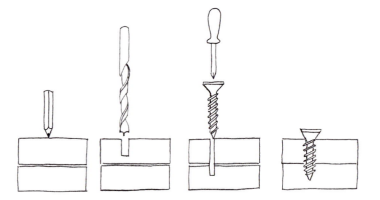

Vor dem Schrauben vorbohren

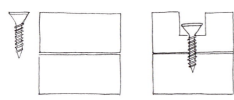

Eine zu kurze Schraube versenken

Durch Schrauben kannst du Holzteile dauerhaft miteinander verbinden. Verschraubte Holzteile lassen sich wieder lösen, ohne dass etwas kaputtgeht. Deswegen gehört Schrauben zu den lösbaren Holzverbindungen.

Wenn du eine Schraubverbindung planst, achte darauf, dass die Schrauben nicht zu nah am Rand des Werkstücks sitzen. Denn dort lassen sie das Holz leicht splittern. Vermeide nach Möglichkeit auch Schrauben an schmalen Hirnholzstellen. Scharniere, Griffe und Beschläge werden angeschraubt.

Werkstücke, die nicht exakt passen und sich deswegen weder leimen noch nageln lassen, kannst du versuchen, durch Schrauben zusammenzuziehen.

Eine Schraubverbindung ist in der Regel sehr auffällig. Selbst wenn du die Schraube versenkst und das Bohrloch mit Holzkitt verspachtelst oder mit einem Dübel verschließt: Eine Schraube bleibt sichtbar.

SCHLÜSSELBRETTCHEN

Bruno, 15 Jahre

MATERIAL
- Leistenstück, Brettchen oder Reststück, mindestens 1 cm dick, etwa 30 cm lang (für 3 Haken)
- 3 (oder mehr) Hakenschrauben (2 x 30)

WERKZEUG
- Lineal und Bleistift
- Nagelbohrer
- Bohrer

TIPP

Dein Schlüsselbrettchen lässt sich einfach an die Wand schrauben, wenn du für die Befestigungsschrauben zwei kleine Löcher in das Holz bohrst.

Suchst du auch ständig nach deinem Schlüsselbund? Und findest ihn jedes Mal woanders? Dann brauchst du ein Schlüsselbrettchen! Aber auch Geschirrhandtuch, Topflappen oder Handfeger finden Platz an dieser Hakenleiste.
Suche dir ein schönes Reststück oder Brettchen. Es sollte mindestens 1 cm dick sein, damit die Haken darin halten. Markiere mit einem Bleistift, wo die Haken hinkommen sollen und bohre dort mit einem Nagelbohrer ein Loch vor. In die vorgebohrten Löcher schraubst du die Haken von Hand.

Ganz egal, ob Marienkäfer, Kakerlaken oder Glühwürmchen – bei diesen Krabbeltieren musst du vor allem eins: Schrauben eindrehen! Spinnen haben acht Beine, Käfer sechs. Den Körper schnitzt du aus einem Leistenrest. Du kannst ihn auch raspeln oder sägen. Das Einschrauben der Beine geht leichter, wenn du mit dem Nagelbohrer vorbohrst.

Wer mag, versieht sein Krabbeltier auch mit Schrauben-Augen oder Schrauben-Fühlern und malt es bunt an.

MATERIAL
- Holzreste, Leistenreste, Dachlattenreste
- Schrauben, Hakenschrauben

WERKZEUG
- Japansäge
- Schnitzmesser
- Nagelbohrer
- Bunt- oder Filzstifte

SCHNIPP-GUMMI-MANDALA

MATERIAL
- Holzbrettchen oder Holzscheibe
- Universal-Allzweckschrauben (2,5 x 30)
- bunte Gummiringe

WERKZEUG
- Lineal
- Bleistift
- Zirkel
- Akkuschrauber (oder Kreuzschlitz-schraubendreher)

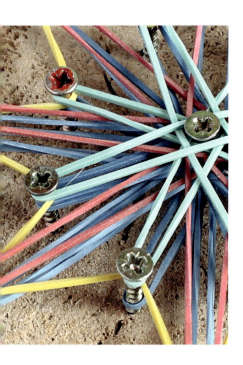

Bei diesem Projekt kannst du ausprobieren, was du über das Schrauben gelesen hast. Hier werden einfach nur Schrauben in eine Holzplatte gedreht. Aber halt! Schrauben beginnt mit Anzeichnen. Das geht am besten mit einem Zirkel. Je exakter deine Anzeichnung ist, desto genauer kannst du die Schrauben platzieren und desto regelmäßiger wird dein Muster. Das Muster entsteht durch die Gummiringe, die du von Schraube zu Schraube spannst.

Grundform für das Mandala ist der Kreis. Der Kreis wird wie eine Torte in gleich große Stücke geteilt. Je dichter du die Schrauben setzt, desto mehr Muster können entstehen. Zur Probe spannst du immer wieder einen Gummiring um die schon vorhandenen Schrauben. Dann kannst du leichter entscheiden, wo noch eine Schraube sitzen soll.

Zum Spielen spannst du entweder immer wieder neue Muster. Oder du legst alle Muster, die dir einfallen, übereinander. Mit bunten Gummiringen sieht das besonders hübsch aus. Und wer mag, zupft an den gespannten Schnipp-Gummis eine Melodie und singt dazu.

Virginia, 10 Jahre

HALFPIPE

MATERIAL

- Außenkörper, lange Seitenflächen: Sperrholz, mindestens 8 mm dick, etwa 2 x 40 x 25 cm Außenkörper, kurze Seitenflächen: 2 x 25 x 20 cm
- Außenkörper, Abdeckung oben: 2 x 8 x 20 cm
- Gebogene Bahn: Streifen weiches Sperrholz, zum Beispiel Pappel, 3 mm dick

WERKZEUG

- Stichsäge
- Schraubzwingen
- Akkuschrauber
- passende Holzschrauben
- eventuell Nagelbohrer (zum Vorbohren der Schrauben)
- Bleistift
- Schleifpapier
- Halbrundfeile

Ganz schön abgefahren! Eine Halfpipe für dein Fingerboard. Erst wird der stabile äußere Körper gebaut. Die halbrunden Ausschnitte der langen Seitenflächen sägst du mit der Stichsäge aus. Säge erst eine Seitenfläche und verwende diese dann als Schablone zum Anzeichnen für die zweite Seitenfläche. Prüfe, ob die halbrunden Ausschnitte bei beiden Seitenflächen exakt gleich geworden sind, indem du sie übereinanderlegst. Arbeite gegebenenfalls mit Halbrundfeile und Schleifpapier nach. Nun sägst du die kurzen Seitenflächen aus und verschraubst alle vier Seitenflächen zu einem stabilen Außenkörper.

Jetzt ermittelst du die Maße für die gebogene Bahn: Biege dazu vorsichtig die dünne Pappelsperrholzplatte mit der Hand. Du wirst merken, dass dies in eine Richtung leichter geht als in die andere. Setze die gebogene Platte vorsichtig in die halbrunden Ausschnitte, halte sie gut fest und bitte jemanden, mit einem Bleistift zu markieren, wo deine Platte aus dem Rahmen übersteht. Beim Aussägen der gebogenen Platte kannst du bei den Maßen ruhig ein bisschen zugeben. Denn es ist einfacher, für die gebogene Bahn eine etwas größere Platte in die halbrunden Ausschnitte einzusetzen und die Überstände zum Schluss abzusägen.

Mit dem Akkuschrauber schraubst du die gebogene Bahn am Rahmen fest. Bitte jemanden, die Bahn in der richtigen Position gut festzuhalten. Oder du fixierst sie mit Schraubzwingen. Beginne am tiefsten Punkt der Biegung und schraube immer abwechselnd in beide Seitenflächen. Ist die gebogene Bahn fertig an den Außenkörper geschraubt, sägst, feilst oder schleifst du eventuelle Überstände ab. Jetzt musst du nur noch die Brettchen für die obere Abdeckung zusägen und festschrauben – und dein Fingerboard holen.

Patrich, 12 Jahre

TIPP

Normalerweise wird Sperrholz zum Biegen über Wasserdampf weich gemacht. Doch wenn du die Biegerichtung beachtest, lässt sich dünnes einlagiges Sperrholz auch gut von Hand biegen.

TEST, TEST, TEST!

Jetzt hast du schon so viel über das Holzwerken gelernt. Hier kannst du nun dein Wissen testen:

1 Welcher der drei Pfeile zeigt in Faserrichtung des Holzstücks?
Kannst du die beiden anderen Richtungen auch benennen?

ANTWORT _____
_____
_____ .../3

3 Wie heißt dieses Werkzeug und wofür wird es verwendet?

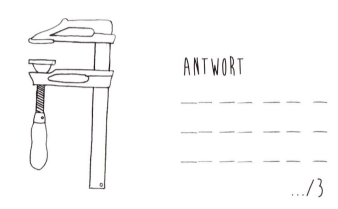

ANTWORT
_____
_____
_____
.../3

2 Das gleiche Stück Holz: Auf welche Art wird es sich gut spalten lassen? Warum?

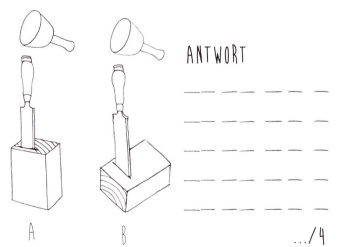

ANTWORT
_____
_____
_____
_____
_____
.../4

4 Welcher der beiden Bohrer ist der Holzbohrer? Woran hast du es erkannt?

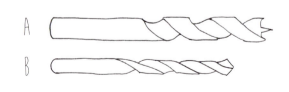

ANTWORT _____ .../2

5 Beim Nageln hat der Nagel die Leiste gespalten. Was kannst du tun, um das zu verhindern?

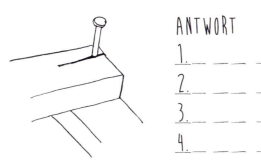

ANTWORT
1. _____
2. _____
3. _____
4. _____

.../3+1

6 Benenne die beiden Werkzeuge. Wodurch unterscheiden sie sich?

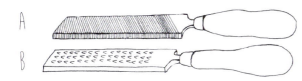

A

B

ANTWORT
A _____
B _____

_____

.../2

7 Diese Schrauben sind zu kurz, um die beiden Holzstücke zu verbinden. Kennst du einen Trick, wie du sie trotzdem verwenden kannst?

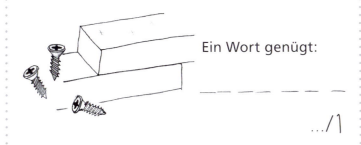

Ein Wort genügt:

_____

.../1

8 Wo wurde das Werkstück zum Sägen richtig eingespannt? Warum?

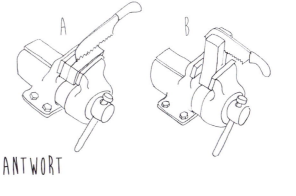

A   B

ANTWORT

_____ _____

_____ _____

.../4

9 Welches Bild zeigt die Richtung, in die eine japanische Zugsäge arbeitet?

A   B

.../2

10 Dieser Zwerg dürfte in unserer Werkstatt nicht bohren! Kreise mindestens drei Dinge ein, die er falsch macht.

.../6

LÖSUNGEN

1 richtig: c) in Faserrichtung, a) schräg zur Faser, b) quer zur Faser

2 richtig: a) in Faserrichtung lässt sich Holz leicht spalten, b) quer zur Faser lässt sich Holz kaum spalten

3 Schraubzwinge, verleimte Teile zusammen-pressen, Werkstück fixieren

4 richtig: a) ist der Holzbohrer, zu erkennen an der Zentrierspitze

5 1. nicht so dicht am Rand nageln, 2. einen kleineren Nagel verwenden, 3. vorbohren, 4. den Nagel vorher stauchen

6 a) Feile, b) Raspel, die Raspel hat einzelne Zähne, die Feile Zahnreihen, die Raspel trägt mehr Material ab, ist gröber und hinterlässt tiefere Spuren, die Raspel arbeitet nur in eine Richtung , die Feile in beide, die Feile kann auch für Metall verwendet werden

7 versenken

8 richtig: b), bei a) wirken zwei gegensätz-liche Kräfte: die Schraubstockbacken pressen das Werkstück zusammen, die Säge versucht die Holzfasern auseinanderzudrücken, Folge: das Sägeblatt verklemmt

9 richtig: a)

10 die Haare sind nicht zusammengebunden, Schmuck nicht abgelegt, das Werkstück wird frei in der Hand gehalten, unsicherer Stand

AUSWERTUNG

28–31 PUNKTE: Du bist ein Profi! Schreibe dei-nen Namen in die Urkunde und zeige sie jedem!

25–27 PUNKTE: Nicht schlecht! Wenn du bei Frage 1, 2, 8 und 10 alles richtig hast, darfst du dir auch die Urkunde kopieren.

24–11 PUNKTE: Da hat wohl jemand Seiten überblättert? Lege das Buch unter dein Kopfkis-sen und mache den Test morgen noch einmal.

WENIGER ALS 11 PUNKTE: Für dich ist dieses Buch gemacht. Trage es immer bei dir.

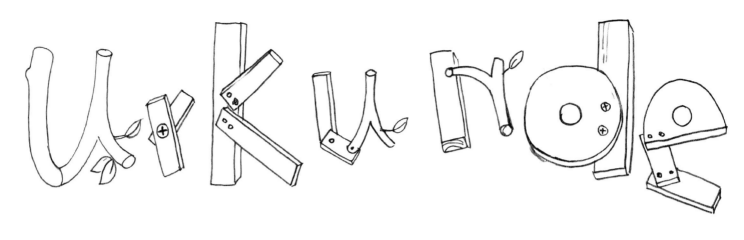

Urkunde

NAME ....

KANN HOLZ

 SÄGEN

 BOHREN

 RASPELN

 FEILEN

 SCHLEIFEN

 LEIMEN

 NAGELN

 SCHRAUBEN

✦ GLÜCKWUNSCH ✦

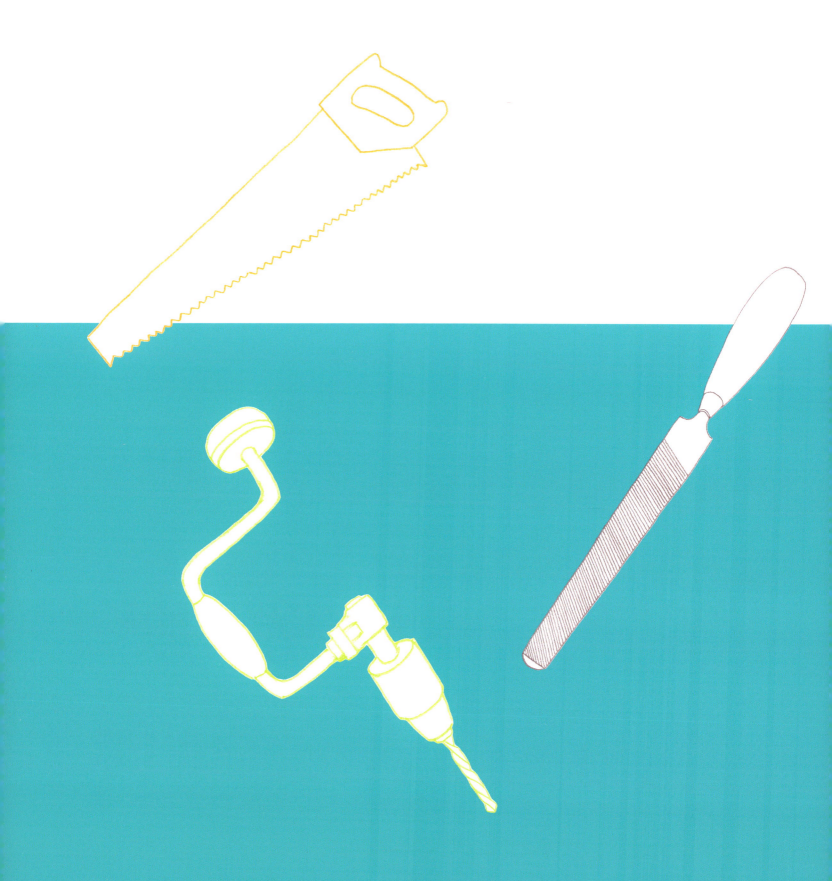

132

HOLZWERKEN

FÜR ALLESKÖNNER

WERKZEUGTAFEL

MATERIAL

- Plattenmaterial, 1,5–2 cm dick
  (Höhe und Länge entsprechend der
  Höhe und Tiefe des Schrankfaches)
- Unsere Platten haben die Maße:
  56 x 36 cm, Standfuß: 36 x 10 cm,
  Seite: 37,5 x 10 cm

WERKZEUG

- Japansäge oder elektrische Stichsäge
- Bohrer, 10 mm (zum Versenken der
  Schrauben), 8 mm (für Holzdübel)
- Akkuschrauber oder Schraubendreher
- Universal-Allzweckschrauben
  (z. B. 3,5 x 45)
- Holzdübel, 8 mm
- Holzleim
- 2 Acrylfarben
- Lineal oder Zollstock
- Bleistift
- Pinsel
- Papier zum Unterlegen
- eventuell Malerkittel

Nie mehr Werkzeug suchen! Mit dieser Werkzeughalterung kannst du dein Werkzeug platzsparend und übersichtlich in einem Schrankfach aufbewahren.

Miss als Erstes das Schrankfach aus, in dem dein Werkzeug aufbewahrt werden soll. Die Werkzeugtafel sollte niedriger und kürzer sein, als das Schrankfach hoch und tief ist. Zeichne Werkzeugtafel, Standfuß und Seitenfläche an und säge sie mit der Stichsäge aus.

Bevor du den Standfuß von unten an die Tafel schraubst, bohrst du mit dem 10-mm-Bohrer überall dort, wo Schrauben sitzen werden, etwa 5 mm tiefe Löcher in den Standfuß. So werden die Schraubenköpfe beim anschließenden Anschrauben des Standfußes automatisch versenkt. Wenn du die Tafel jetzt auf ihre Standfläche stellst, kippelt sie nicht auf hervorstehenden Schraubenköpfen.

Schraube die Seitenplatte fest und deine Werkzeugtafel steht sicher. Jetzt verteilst du dein Werkzeug auf der liegenden Tafel und überlegst dir eine sinnvolle Anordnung. Bist du mit der Anordnung zufrieden? Dann umfährst du mit Bleistift jedes einzelne Werkzeug. So erhältst du dessen Umrisslinie. Nun markierst du, wo die Dübel, die das Werkzeug später halten, sitzen müssen. Das Gleiche wiederholst du auf der anderen Tafelseite, nachdem du diese umgedreht hast. Sind alle Dübellöcher markiert, bohrst du sie und leimst die Dübel ein.

Jetzt streichst du die Tafel in einer leuchtend bunten Farbe. Die Werkzeugflächen werden in einer anderen Farbe gestrichen. So siehst du auf einen Blick, wo welches Werkzeug hingehört und wo etwas fehlt. Sobald die Farbe getrocknet ist, kannst du dein Werkzeug aufhängen.

TIPP

Muss dein Werkzeug nicht in einem Schrank verstaut werden, kannst du die Werkzeugtafel ohne Standfuß und Seitenfläche direkt an die Wand schrauben.

Diese Art der Werkzeughalterung eignet sich gut für große und ständig wechselnde Gruppen, denn Sie sehen auf einen Blick, wenn etwas fehlt. Andererseits erkennen auch die Kinder sofort, welches Werkzeug es gibt und wohin es gehört. Vor allem für Kinder, die das Werkzeug noch nicht sicher sprachlich benennen können, ist dies sehr hilfreich.

FÜR SCHIFFBAUER

MATERIAL
- Schiffsrumpf: Dachlatte oder Balkenstück, etwa 6 x 4 cm, etwa 20 cm lang
- Kajüte: Holzrest, etwa 4 x 4 x 3 cm
- Reeling: Nägel und dünner Draht

WERKZEUG
- Japansäge
- Raspel
- Hammer
- eventuell Kneifzange
- wasserfester Holzleim
- Schraubzwingen
- Schüssel oder Waschbecken mit Wasser
- Bleistift
- Lineal

Jan, 12 Jahre

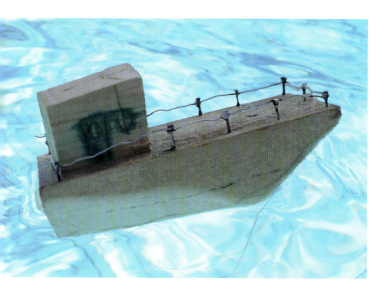

Auf großer Fahrt oder auf Krabbenfang? Wenn du den sicheren Hafen verlassen willst, sollte dein Schiff hochseetauglich sein. Dazu testest du als Erstes das Schwimmverhalten deines Holzstücks. Du legst es ins Wasser und beobachtest die Wasserlinie (siehe Seite 40). Das ist die Linie, bis zu der dein Holzstück nass wird. Idealerweise verläuft sie parallel zur Deckoberfläche. Ist das der Fall, nimmst du dein Holzstück vorsichtig aus dem Wasser und markierst die Wasserlinie mit einem Bleistift. Kippt dein Holzstück auf die Seite oder wird vom Wasser überspült, solltest du dir ein anderes Holzstück aussuchen. Mit der Japansäge sägst du den Schiffsbug. Du rundest ihn mit der Raspel und überprüfst zwischendurch immer wieder das Schwimmverhalten, indem du das Holzstück ins Wasser legst. Dann sägst du den Kajütenaufbau und testest, wie das Schiff samt aufgelegter Kajüte schwimmt.

Liegt dein Schiff mit Kajüte schräg im Wasser, musst du die Kajüte anders platzieren oder verkleinern. Ist alles in Ordnung? Dann markierst du dir die Lage der Kajüte und nimmst dein Schiff aus dem Wasser. Achte dabei darauf, möglichst nicht zu spritzen. Denn zum Leimen müssen die Klebeflächen trocken sein. Leime die Kajüte auf das Deck. Nagele die Reeling mit kleinen Nägeln und verbinde diese mit einem Draht. Jetzt kannst du mit Bleistift oder einem wasserfesten Stift Bullaugen aufzeichnen, dein Schiff taufen und vom Stapel lassen.

SCHIFFBAU-ABC
Ganz egal, welche Art Schiff du bauen möchtest: Damit es seetüchtig wird, solltest du zwei Dinge immer beachten:
1. Prüfe vor und während des Bauens immer wieder die Wasserlinie.
2. Verwende für alle Leimungen am Schiff ausschließlich wasserfesten Holzleim.

Jan, 12 Jahre; Maksim, Paul und York, 11 Jahre

IDEEN ÜBER IDEEN...

139

MOTORRÄDER

MATERIAL
- Leistenstück, etwa 2 x 3 cm, 5–8 cm lang
- Aststück, Ø etwa 2–3 cm

WERKZEUG
- Japansäge
- Stemmeisen und Knüpfel (siehe Seite 176)
- Halbrundfeile
- Schnitzmesser
- Holzleim (oder Hammer und kleine Nägel)
- Schraubstock

Dieses Motorrad ist prima für alle, die das Holz-werken ausprobieren wollen. Aber auch kleine Erfinder können sich hier richtig austoben. Das Konstruktionsprinzip ist simpel: Zuerst sägst du von einem Aststück zwei Scheiben für die Räder ab. In gleicher Dicke wie die Räder spaltest du nun ein Stück von deiner Leiste mit Stemmeisen und Knüpfel ab. Aus diesem Stück besteht der Motorradkörper: Vorderlampe, Motorblock, Sitzbank. Die Sitzbank wird mit der Halbrund-feile herausgearbeitet. Das andere Stück dei-ner gespaltenen Leiste spaltest du in fünf etwa gleich große Stücke weiter auf. Aus diesen Stü-cken werden Radgabeln und Lenker. Mit dem Schnitzmesser kannst du sie in Form bringen und die Kanten abrunden.

Die einzelnen Teile lassen sich zusammenna-geln (wie auf dem Foto) oder leimen (wie in der Zeichnung). Beginne mit den Rädern und den Radgabeln. Die Radgabeln kommen an den Motorradkörper, auf die vordere leimst oder nagelst du den Lenker.

Die Länge und Neigung der Radgabel bestimmt den Charakter deines Motorrads: Eine lange, schräg geneigte Radgabel wirkt sportlicher als eine kurze, senkrechte.

TIPP

Ein echtes Cross-Motorrad braucht natürlich Schutzbleche. Du kannst sie mit der Schere aus dem Rand eines Plastikflaschendeckels aus-schneiden und annageln.

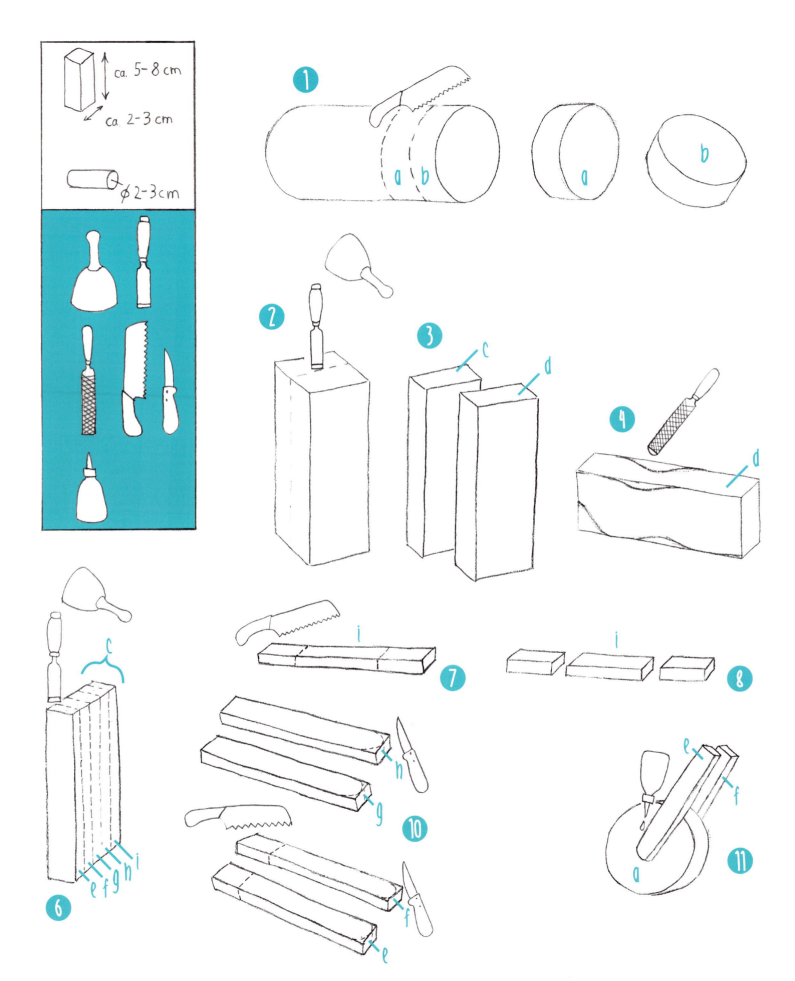

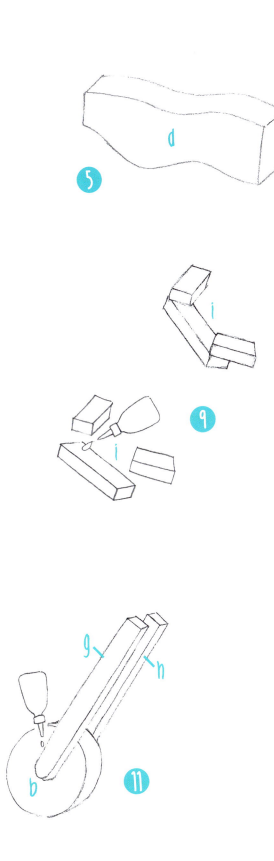

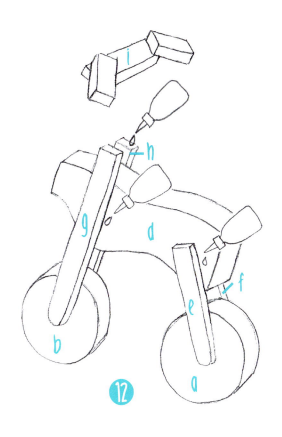

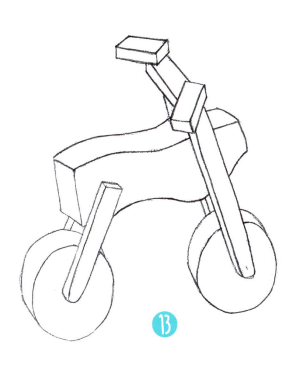

JEEP

Benjamin, 9 Jahre

MATERIAL

- Brett, etwa 70 cm lang
- Leistenrest, etwa 20 cm lang
- Achsen: gerades Aststück, etwa daumendick, ungefähr 30 cm lang (ergibt 2 Achsen)
- Räder: Aststück, Ø etwa 6 cm, 6 cm lang (ergibt 4 Räder)
- Lampen: verschiedene Aststücke
- Scharniere, Bereifung: ein Stück Fahrradschlauch
- Frontscheibe: ein Stück Plastikverpackung

WERKZEUG

- Japansäge
- Schnitzmesser
- Hammer
- kleine Nägel
- Holzleim
- Bohrer, 10 oder 12 mm
- Bleistift
- Lineal
- eventuell Schraubzwingen

Dieser Jeep ist auf einem Zeltplatz am Meer entstanden – aus einem alten Brett und verschiedenen Aststücken. Dank der schmalen Achsaufhängung sind die Achsen sehr beweglich, wodurch der Jeep enorm geländegängig ist. Egal ob es durchs Unterholz geht, durch Schlammpfützen, tiefen Sand oder über Schotterpisten – dieser Jeep schafft einfach alles ...

Wie bei allen Fahrzeugen beginnst du mit der Achsaufhängung: Bohre ein Loch in ein Leistenstück mit einer geraden Außenkante und spalte oder säge die Leiste nach dem Bohren in zwei Teile. So kannst du sichergehen, dass beide Bohrungen exakt an der gleichen Stelle sitzen und später alle vier Räder den Boden berühren.

Wenn dir nur ein Brett als Baumaterial zur Verfügung steht, rechnest du jetzt aus, wie groß die Einzelteile sein können, damit das Brett für Bodenplatte, Ladefläche, Türen und Motorhaube reicht. Säge die Teile zu.

Dann leimst du die Achsaufhängung an die Bodenplatte. Dafür verwendest du die gerade Außenkante des Leistenstücks. Den gleichen Trick wendest du auch beim Leimen des Laderaumes an. So hast du passgenaue Teile, auch wenn du nicht so exakt gesägt hast.

Die Achsen steckst du in die Achsaufhängung und sicherst sie mit Splinten gegen Verrutschen, bevor du die Räder festleimst. Ein Leistenstück in drei passende Teile gesägt, lässt den Raum unter der Motorhaube entstehen. Leime die Motorhaube oben auf. Ein Sägeschlitz wird zur Halterung für die Frontscheibe. Türen und Ladeklappe werden durch Scharniere aus Fahrradschlauch beweglich. Abgesägte Aststücke bilden die Lichter.

Jetzt braucht dein Jeep nur noch ein Lenkrad, ein persönliches Nummernschild und einen Fahrer!

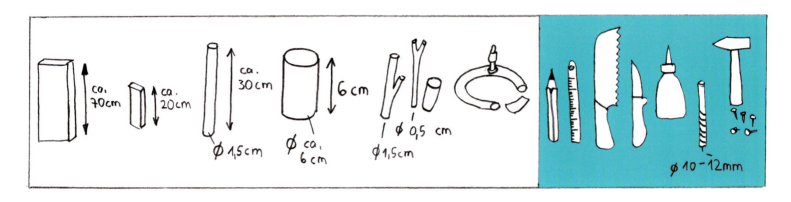

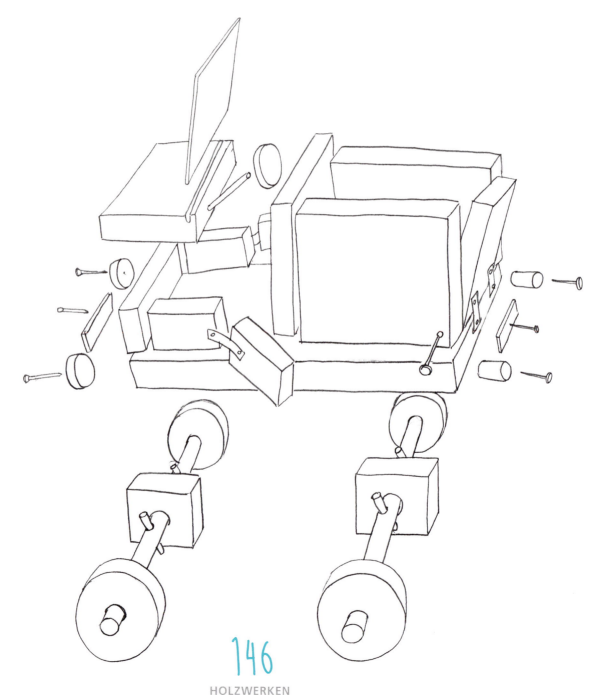

146

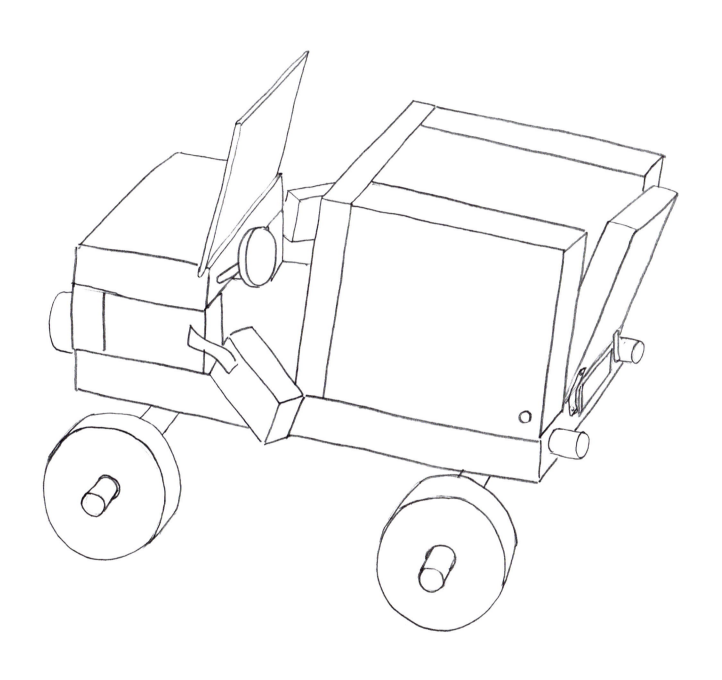

147

PLANIERWALZE

MATERIAL

- Walze und Räder: Aststück, Ø etwa 6 cm, 15 cm lang
- Achsen: Rundholz, Ø 8 mm, 20 cm lang (ergibt 2 Achsen)
- 2 passende Unterlegscheiben
- Fahrgestell: Brett, etwa 20 cm lang, 1,5 cm dick
- Fahrerhaus, Motorblock, Auspuff: Holzreste

WERKZEUG

- Bleistift
- Lineal
- Japansäge
- Schnitzmesser
- elektrische Stichsäge oder Handstichsäge
- Holzleim
- Bohrer, 8 mm
- nach Möglichkeit Ständerbohrmaschine für Achslager
- Schraubzwingen, Schraubstock

Es gibt immer etwas platt zu walzen. Da ist es gut, wenn du eine Planierwalze zur Hand hast. Du beginnst mit dem Fahrgestell: Mit der Ständerbohrmaschine bohrst du zwei senkrechte Löcher, die Achslager, in die Längsseiten deines Brettes. Mit der Stichsäge schneidest du das Viereck für die Walze, mit der Japansäge die Ecken für die Hinterräder aus.

In das Aststück bohrst du das Loch für die Achse und sägst Walze und Räder zu. Nun fädelst du das Rundholz, deine Achse, durch Walze und Radaufhängung und sägst es in der passenden Länge ab. Leime die Vorderachse am Fahrgestell fest. Vorsicht! Dabei nicht die Walze mit festleimen, denn sie soll sich noch drehen können.

Danach fädelst du die Hinterachse ein, auf jede Seite schiebst du eine Unterlegscheibe, bevor du die Hinterräder festleimst.

Jetzt sägst du passende Holzstücke für Fahrerhäuschen und Motorblock und leimst diese auf das Fahrgestell. Einen Auspuff an den Motorblock – deine Planierraupe ist fertig!

Alexander, 10 Jahre

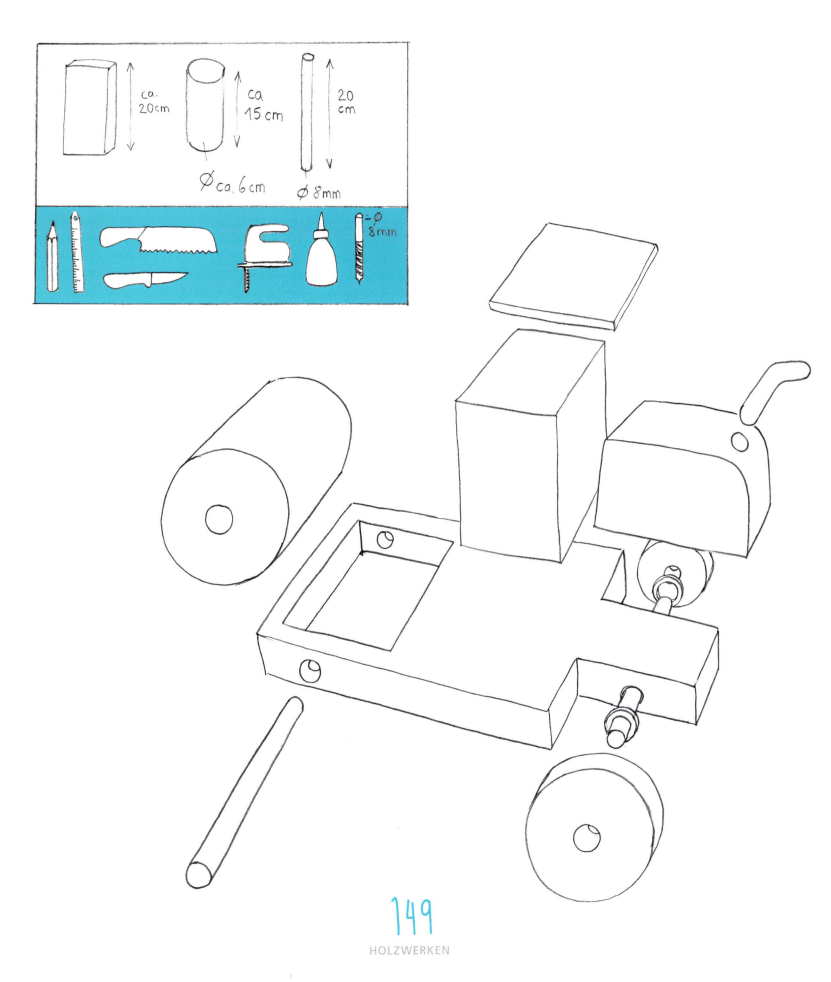

ca. 20cm

ca 15 cm

20 cm

Ø ca. 6 cm

Ø 8mm

= Ø 8mm

BAGGER

MATERIAL

- Dachlatten- oder Leistenstück, etwa 30 cm lang (oder einzelne Reststücke)
- Achsen: Rundholz, Ø 4 mm, 20 cm lang (ergibt 2 Achsen)
- 4 passende Unterlegscheiben
- Räder: Aststück, Ø 2 cm, 8 cm lang (ergibt 4 Räder)
- 2 Gummibänder, etwa 1,5 cm breit (Einweckgummis)
- Drehlager: Rundholz, Ø 8 mm, etwa 2 cm lang
- Gelenke am Baggerarm: Draht

WERKZEUG

- Japansäge
- Winkel
- Schnitzmesser
- Zange (zum Drahtbiegen)
- Holzleim
- Holzbohrer, 3, 4, 8 mm
- nach Möglichkeit Ständerbohrmaschine (für Achslager)
- Bleistift
- Lineal
- Schraubstock

TIPP

Wenn der Baggerkörper beim Drehen an den Baggerketten hängen bleibt, musst du das Rundholz für das Drehlager verlängern oder kleinere Räder anfertigen.

FAHRGESTELL

Für die beiden Achsen bohrst du zwei senkrechte Löcher mit dem 4-mm-Bohrer in ein etwa 5 cm langes Leistenstück. Das geht am besten mit einer Ständerbohrmaschine. Dann bohrst du mit dem 8-mm-Bohrer ein etwa 1 cm tiefes Loch für das Drehlager in die Mitte der Leiste. Die Rundhölzer steckst du durch die Achslöcher, fädelst je eine Unterlegscheibe auf und leimst die Räder fest, die du vorher von einem Aststück abgesägt hast. Als Baggerkette ziehst du Gummibänder auf.

BAGGERKÖRPER

Zuerst bohrst du in die Mitte der etwa 6 cm langen Leiste mit dem 8-mm-Bohrer ein etwa 7 mm tiefes Loch für das Drehlager. In dieses Loch leimst du das 2 cm lange 8-mm-Rundholz ein. Das überstehende Ende spitzt du mit dem Schnitzmesser leicht an, dann dreht es sich besser im Fahrgestell. Du sägst die Kerbe für den Baggerarm heraus und bohrst die Löcher für dessen Halterung mit dem 3-mm-Bohrer. Leime einen Holzrest als Fahrerhäuschen auf.

BAGGERSCHAUFEL UND BAGGERARM

Für den Baggerarm spaltest du ein etwa 8 cm langes Leistenstück in zwei Teile und weiter in die von dir gewünschte Dicke. Mit dem 3-mm-Bohrer bohrst du an jedes Ende die Löcher für die Halterung und schnitzt mit dem Schnitzmesser das Scharnier. Aus einem etwa 3 cm langen Leistenstück schnitzt du die Baggerschaufel und bohrst in deren Scharnier ein Loch für die Halterung.

Jetzt kannst du alle Teile zusammenstecken: Den Baggerkörper auf das Fahrgestell, die Baggerschaufel an den Baggerarm und den Baggerarm an den Baggerkörper. Schaufel und Arm werden mit einem Draht befestigt.

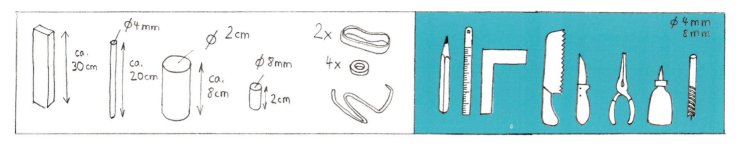

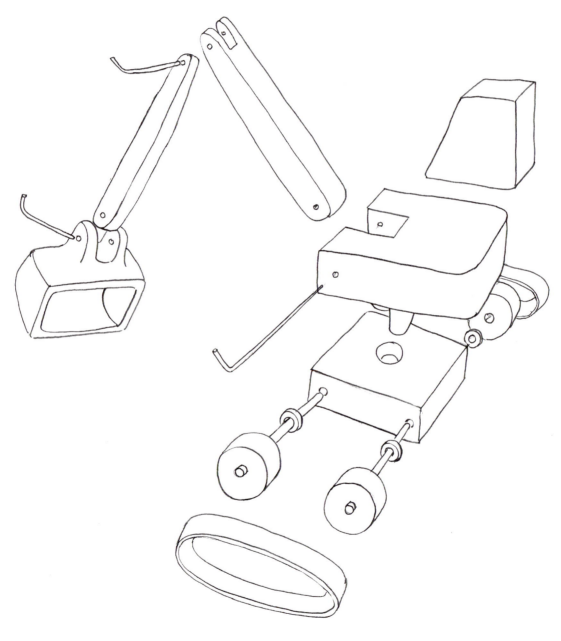

Hier siehst du noch einen anderen Bagger.

FÜR FAHRZEUGBAUER

Ist es jetzt nicht an der Zeit, dass du deine eigenen Fahrzeuge erfindest? Ganz egal, ob Marsroboter, Müllauto oder Laster: Du kannst alle nach dem gleichen Prinzip bauen:

- Beginne immer mit dem Fahrgestell und der Achslagerung.
- Als Achslager dienen Bohrlöcher, in denen die Achse sich dreht.
- Durch Splinte oder Unterlegscheiben werden die Achsen in ihrer Position gehalten.
- Die Räder werden auf die Achsen geleimt.
- Ist das Fahrgestell fertig, beginnst du mit den Aufbauten wie Fahrerhäuschen, Ladefläche usw.

Das Größenverhältnis zwischen Rädern und Aufbauten spielt eine entscheidende Rolle beim Fahrzeugbau. Ebenso die Anzahl und Anordnung der Räder. So hat ein Traktor zwei kleinere Räder vorne und zwei große Räder hinten. Ein Golfmobil oder Gabelstapler hat vier winzige Räder, in Italien gibt es kleine Autos, die nur drei Räder haben sowie eine Fahrerkabine und Ladefläche.

Schnelle Autos kannst du an ihrer Form erkennen. Sie sind meistens flach und keilförmig. Starke Transporter und Zugmaschine können sogar Häuser und Flugzeuge bewegen. Sie haben oft viele Räder, sind wuchtig und haben eine viereckige Form. Du siehst: Fahrzeuge gibt es in allen Formen und Größen.

Erik, 11 Jahre

Paul, 11 Jahre; Raman und Peter, 10 Jahre

Koen, 8 Jahre

Mink, 8 Jahre

Tomislav, 11 Jahre …   … und Tomislav mit 12 Jahren

IDEEN ÜBER IDEEN...

157

SCHATZKISTE

MATERIAL
- Brett, 9,5 cm breit, 110 cm lang
- Rundholz, Ø 4 mm, 9 cm lang
- unsichtbare Scharniere:
  2 Stück Fahrradschlauch, etwa 3 x 4 cm
- 4 Nägel
- sichtbare Scharniere:
  2 Scharniere, 4 Schrauben
- zur Verzierung: Einsatzschlüsselloch und
  Schlüssel

WERKZEUG
- Lineal oder Zollstock
- Winkel
- Japansäge
- Schnitzmesser
- Hammer
- Holzleim
- Bohrmaschine
- Bohrer, 4, 5, 8 mm
- Schraubendreher
- Flachfeile
- Bleistift
- Schraubstock, Schraubzwingen

Das Schlüsselloch ist nur Tarnung! Durch einen verborgenen Mechanismus lässt sich die Schatzkiste lediglich öffnen, wenn du eines der Füßchen drehst. Aber Psst! Das darfst du natürlich niemandem verraten, wenn du in dem Kistchen geheime Schätze sicher verwahren willst.
Hergestellt wird das Kistchen aus einem einzigen Brett. In der Zeichnung erkennst du, wie du die einzelnen Teile anzeichnen, aussägen und zusammensetzen musst, um die geraden Außenseiten des Brettes nutzen zu können.

Zuerst leimst du die Seiten- und Bodenflächen zusammen und schraubst die Tarnscharniere an. Als richtige Scharniere nagelst du die Fahrradschlauchstücke an Deckel und Kiste. Der Schließer besteht aus einer kleinen Platte, die auf einem Rundholz sitzt. Du bohrst ein Loch in die Bodenplatte, steckst den Schließer durch und leimst ihn an eines der Füßchen an. Wenn du jetzt an dem Füßchen drehst, dreht sich der Schließer. Sein Gegenstück leimst du an den Deckel. Nun bohrst du an der Frontseite der Kiste noch ein Loch für das (falsche) Schlüsselloch.

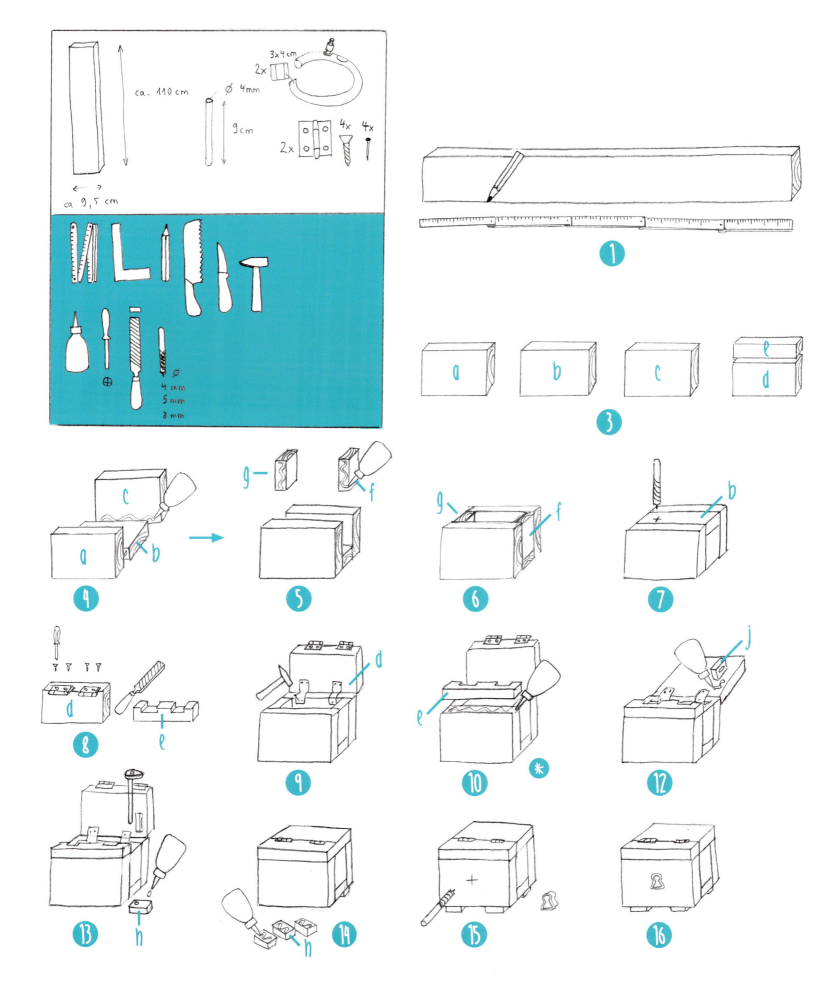

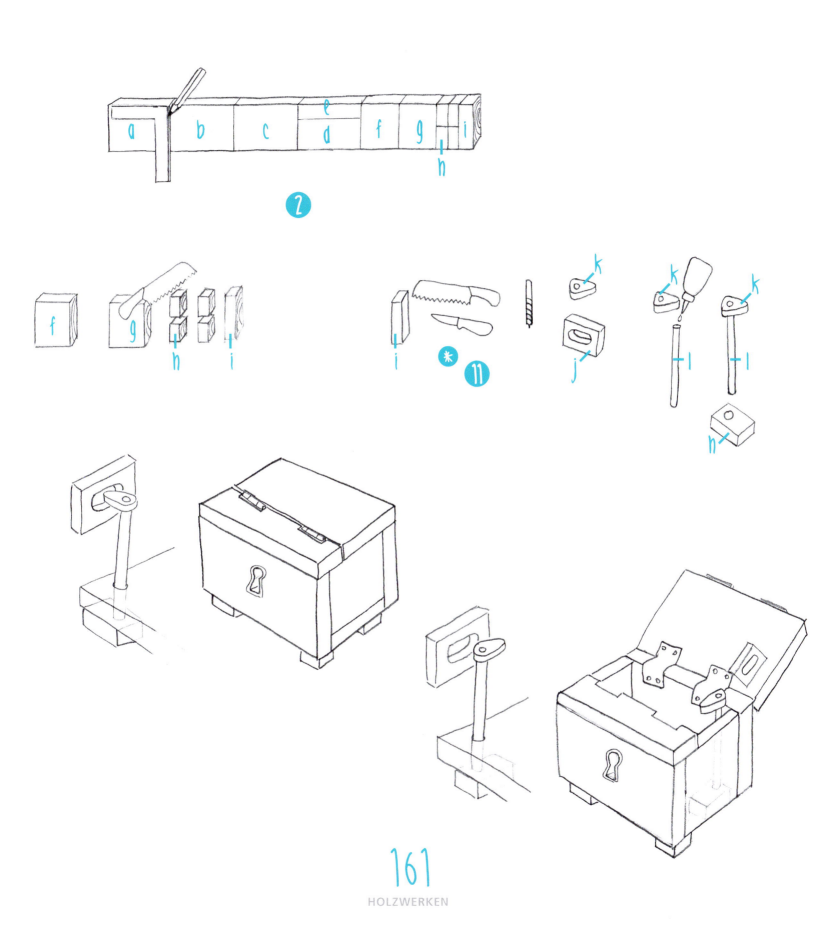

MURMELWIPPE

MATERIAL

- 3 Bretter, etwa 3 cm dick, 18 cm breit, 55 cm lang
- Sperrholzplatte, etwa 18 x 35 cm
- Plexiglasplatte, etwa 18 x 35 cm
- Leistenstück für den Stöpsel, etwa 2 x 2 cm, 5 cm lang
- Murmel

WERKZEUG

- Japansäge
- Winkel
- Raspel oder Stemmeisen und Knüpfel (siehe Seite 176)
- Schraubstock
- Schraubzwingen
- Schnitzmesser
- Holzleim
- elektrische Stichsäge mit Sperrholz- und Kunststoffsägeblatt
- Alleskleber (oder Heißklebepistole)
- eventuell Schleifpapier
- Bleistift
- Lineal

Die Murmelwippe ist ein Geschicklichkeitsspiel. Du musst versuchen, das Gleichgewicht zu halten, durch Gewichtsverlagerung zu wippen und dadurch die Murmel durch das Labyrinth zu treiben. Bewegt wird die Wippe nur mit den Füßen. Keine Frage: Skater und Ballerinas sind hier klar im Vorteil ...

Gebaut hast du die Murmelwippe schnell: Da kein dicker Balken vorhanden war, wurden hier mehrere Bretter zusammengeleimt. Mit Raspel oder Stemmeisen und Knüpfel rundest du die verleimten Bretter ab, solange bis es sich gut wippt.

Den Labyrinthweg für die Murmel sägst du aus der Sperrholzplatte aus und leimst ihn auf die Wippe. Dabei muss die Sperrholzplatte dicker sein als der Durchmesser der Murmel.

Damit dir die Murmel nicht davonkullern kann, leimst du mit Alleskleber eine Plexiglasplatte als Deckel auf das Labyrinth. Prüfe vorher noch einmal, ob die Murmel gut kullert. Wenn nicht, leimst du zusätzlich flache Leistenstücke als Abstandhalter zwischen Sperrholzplatte und Plexiglasscheibe. Aus einem Leistenstück schnitzt du einen Stöpsel. Mit diesem verschließt du das Loch, durch welches die Murmel ins Spiel kommt. Und schon kannst du loswippen.

Heike, 11 Jahre

TIPP

Arbeit öfter unterbrechen und Probe wippen!
Plexiglasplatten kannst du im Modellbauladen kaufen.
Wer es bunt mag, klebt farbiges Moosgummi auf die Trittstellen.

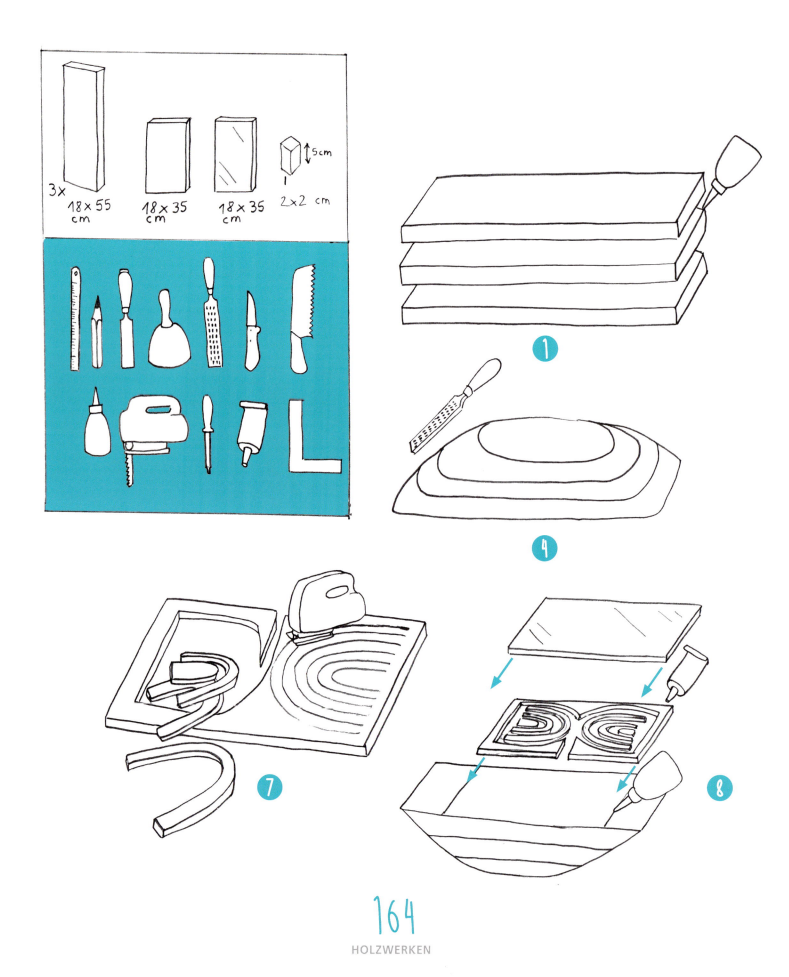

3x

18 x 55 cm

18 x 35 cm

18 x 35 cm

5cm

2x2 cm

①

④

⑦

⑧

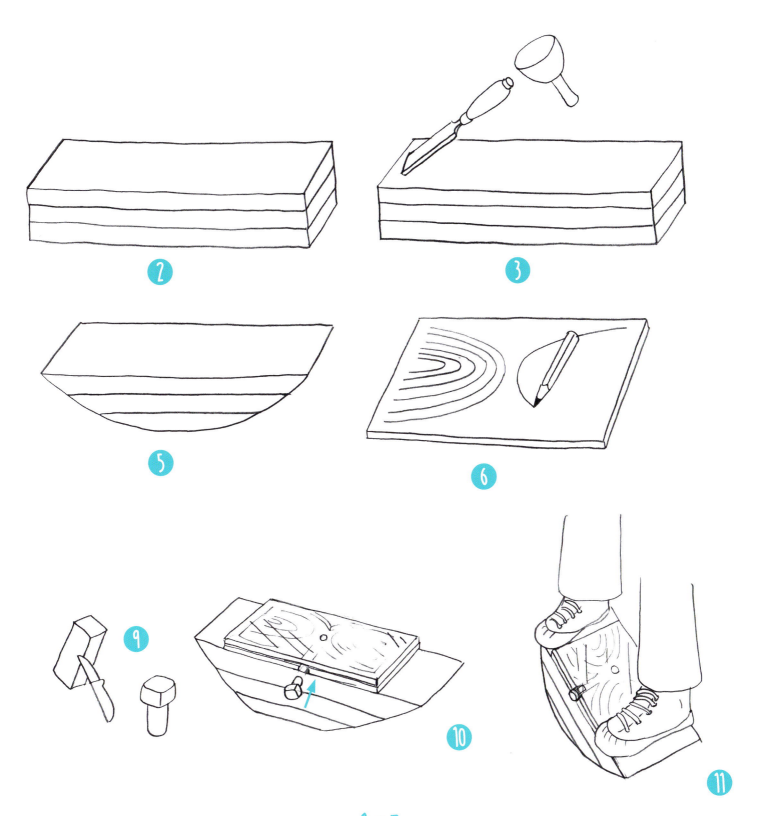

DREHBÜHNE

MATERIAL
- Grundplatte: Brett, etwa 28 x 18 cm
- Bühnenfläche: Brett, etwa 20 x 20 cm
- Antriebsscheibe: Brett zum Aussägen (Ø 7 cm), 1,5 cm dick (oder fertige Scheibe ähnlicher Größe)
- Unterseite der Bühnenfläche: grobes Schleifpapier, 20 x 20 cm
- Achse Bühne und Kurbel: Rundholz, Ø 12 mm, 18 cm lang
- Achse Antriebskurbel: Rundholz, Ø 8 mm, etwa 15 cm lang
- Achslager Bühne und Antriebskurbel: Balkenrest, 5 x 5 cm, 25 cm lang (oder einzelne Stücke)
- Kurbelplatte und Splinte: Holzreste

WERKZEUG
- Japansäge
- Lineal
- Holzleim
- Schnitzmesser
- Schere
- Lochsäge, Ø 70 mm
- Bohrer, 8, 12 mm
- Ständerbohrmaschine
- eventuell Stichsäge (für Bühnenfläche)
- Winkel
- Bleistift
- Schraubzwingen, Schraubstock

Keine Ahnung, wie das Hobbithaus mitten auf die Kreuzung kommt ... Aber eines ist sicher: Mit dieser Drehbühne kannst du deine eigenen, wilden Geschichten erzählen! Wenn du an der Kurbel drehst, dreht sich die runde Bühnenfläche. Verfolgt das Polizeiauto das rote Fahrzeug oder umgekehrt? Rasant oder im Schneckentempo? Das bestimmst allein du – je nachdem, wie du kurbelst.

ANTRIEBSSCHEIBE
Zuerst baust du die Bühne: Du beginnst mit der Antriebsscheibe. Ihr Durchmesser bestimmt alle anderen Maße. Mit der Lochsäge sägst du eine Scheibe von 7 cm Durchmesser. Du leimst die Antriebsscheibe auf die Antriebsachse (8-mm-Rundholz). Ein Balkenrest (5 x 5 cm, etwa 10 cm lang) wird zum Lager für die Antriebsachse, wenn du in seinen oberen Teil ein Loch von 8 mm Durchmesser bohrst.
Splinte halten die Antriebsachse während des Kurbelns an ihrem Platz: Steckt die Antriebsachse mit den Splinten im Lager, leimst du Kurbel (12-mm-Rundholz, 8 cm lang) und Kurbelplatte fest. Dein Antrieb ist nun fertig! Leime ihn auf die Grundplatte.

Daniel und Paul, 11 Jahre

BÜHNE

Mit der Stichsäge sägst du die runde Scheibe für die Bühnenfläche aus. Oder du verwendest ein beliebig vieleckiges Reststück. Auf die Unterseite der Bühnenfläche klebst du Schleifpapier, damit die Antriebsscheibe besser greift. Die Bühnenfläche wird auf die Achse geklebt (12-mm-Rundholz, 10 cm lang). Die Achse wird wieder mittels Bohrung in einem Balkenrest gelagert. Der Balkenrest steht auf Füßchen. Die richtige Höhe ermittelst du durch Probieren. Wenn alles passt, leimst du das Achslager für die Bühne auf die Grundplatte. Jetzt musst du dir nur noch eine Geschichte ausdenken, die Bühne bestücken und kurbeln!

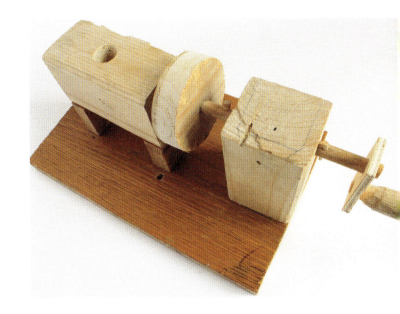

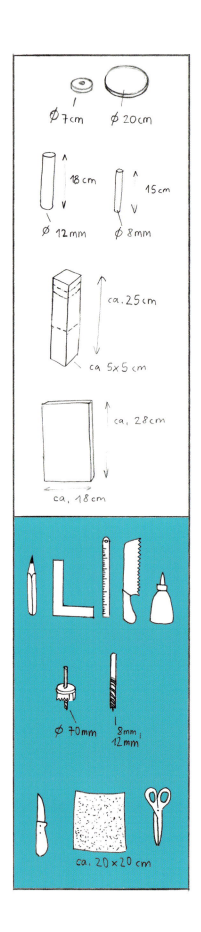

Ø 7 cm   Ø 20 cm

18 cm   15 cm

Ø 12 mm   Ø 8 mm

ca. 25 cm

ca 5x5 cm

ca, 28 cm

ca, 18 cm

Ø 70 mm   8 mm
            12 mm

ca. 20 x 20 cm

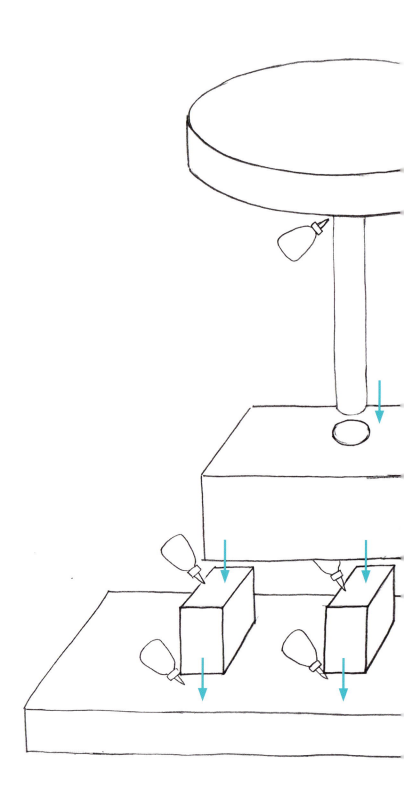

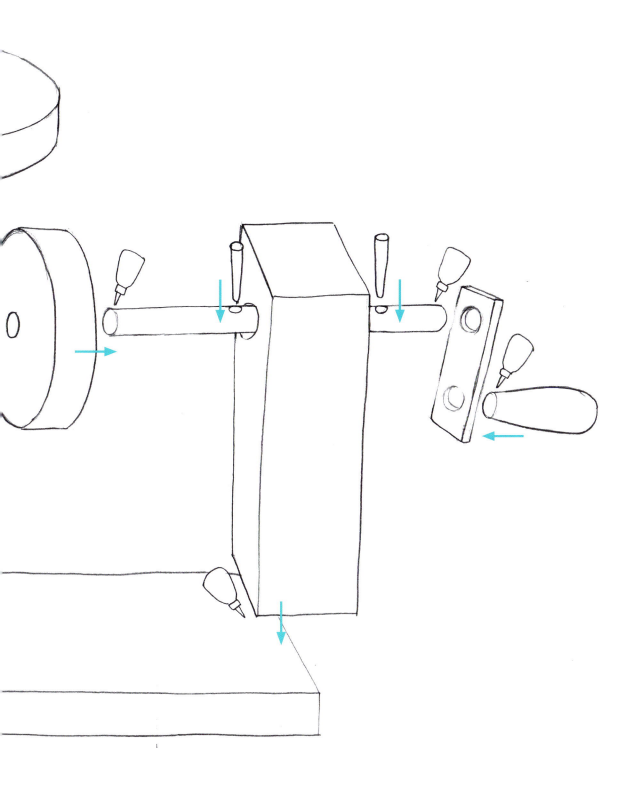

TIPPS AUS DER PRAXIS

- Unserer Erfahrung nach sind beim Holzwerken mit Kindern gute Einspannmöglichkeiten das Wichtigste. Ideal sind Hobelbank oder Schraubstock.
- Sind diese nicht vorhanden, kann man sich mit Schraubzwingen behelfen. Mittels Schraubzwinge lässt sich jeder Tisch, Stuhl oder eine Parkbank in eine Werkbank verwandeln.
- Schraubzwingen sollten, genau wie Bohrfutter, immer von einem Erwachsenen nachgezogen werden, da vor allem jüngeren Kindern oft die Kraft fehlt, diese genügend festzuziehen. Viele Kinder tun sich mit Klemmsia®-Zwingen leichter, da diese zugehebelt werden.
- Sind keinerlei Einspannvorrichtungen vorhanden, sollten vor allem jüngere Kinder Hilfe beim Festhalten des Werkstücks bekommen.
- Ohne Einspannvorrichtungen kann man jüngere Kinder oder größere Gruppe selbständig vor allem nageln, leimen und schleifen lassen.
- Wenn möglich, sollten Leimungen über Nacht trocknen können und die Kinder von dem zu frühen Bewegen der geleimten Teile abgehalten werden.
- Mehr als acht Kinder mit jeweils unterschiedlichen Projekten beim Holzwerken anzuleiten, wird schwierig. Hier empfiehlt sich eine Vereinheitlichung der Projekte und gemeinsames Schritt-für-Schritt-Vorgehen.
- Unser Einsteigermodell ist das Motorrad auf Seite 140. Es benötigt wenig Material und die Arbeitsschritte sind rasch erklärt. Die Kinder können sofort loslegen, selbstständig arbeiten, eigene Maße und Proportionen festlegen. Das Projekt ist ideal für große und aktive Gruppen sowie für Kinder, die noch keinerlei Erfahrung beim Holzwerken haben. Nebenbei lernen die Kinder hier schnell, was mit Faserrichtung gemeint ist. Denn nur in diese lässt sich das Holz leicht spalten.
- Selbstständiges Werken und anschließendes Aufräumen wird enorm erleichtert, wenn jedes Werkzeug seinen klar ersichtlichen Platz hat (siehe Seite 134). Ebenfalls sehr hilfreich ist übersichtliches Lagern des vorhandenen Materials.

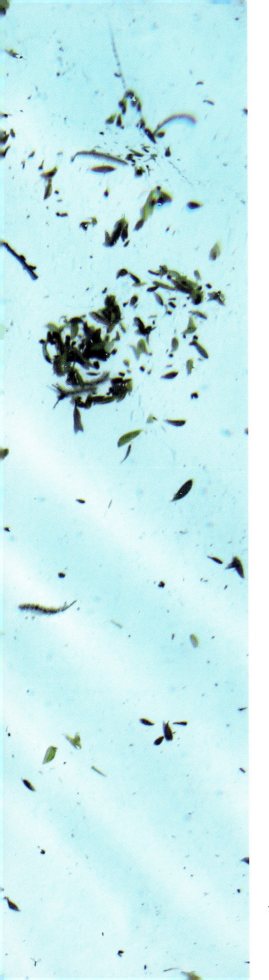

HOLZBILDHAUERN

MATERIAL

Für das Holzbildhauern gilt Ähnliches wie für das Schnitzen: Grundsätzlich kannst du jedes Holz zum Holzbildhauern nehmen. Weiches Holz eignet sich besser als Hartholz. Besonders gut geeignet ist Lindenholz.

Frisches Holz kannst du deutlich leichter bearbeiten als getrocknetes. Allerdings reißt es oft unkontrolliert.

Zum Holzbildhauern brauchst du Holzstücke, die sehr viel größer sind als beim Schnitzen. Sie sollten wenigstens einen Durchmesser von 8 bis 10 cm haben und etwa 20 cm lang sein. So große Stücke kannst du dir bei Baumschnittarbeiten im Winter, bei Aufräumarbeiten nach einem Sturm **1** oder den Vorbereitungsarbeiten für eine Baustelle besorgen. Meist verraten der Lärm einer Kettensäge und das Rattern einer Häckselmaschine, wenn solche Arbeiten in deiner Nähe stattfinden **2**. Da heißt es: Schnell sein und dem Lärm folgen! Aststücke oder sogar ganze Bäume werden oft an Ort und Stelle in einen Haufen Späne verwandelt.

Zum Fragen am besten immer einen Erwachsenen mitnehmen. Und natürlich: Keinesfalls allein und ohne Erlaubnis hinter die Absperrung der Arbeiter laufen!

Die meisten größeren Städte und Gemeinden haben öffentliche Häcksel- und Kompostierplätze **3**. Dort geben viele Leute ihr Holz von Baumschnittarbeiten ab. Auch da lohnt es sich, nachzufragen, ob du etwas von dem Holz bekommen kannst.

Für alle im Buch gezeigten Arbeiten haben wir Lindenholzäste und Bauholzbalken **4** verwendet.

WERKZEUG

Zum Holzbildhauern benutzt du ein Stemmeisen oder Schnitzeisen. Außerdem brauchst du einen Knüpfel, um die Eisen zu treiben, sowie eine Möglichkeit, dein Werkstück einzuspannen.

1 STEMMEISEN

Stemmeisen, auch Beitel genannt, sind Flacheisen mit einseitiger Schneide. Sie werden mit dem Knüpfel getrieben und sind vor allem für gröbere Arbeiten gedacht. Die meisten Stemmeisen haben am hinteren Griffende einen Metallring. Dieser verhindert, dass das Holz des Griffes bei starker Beanspruchung durch den Knüpfel splittert. Für alle im Buch gezeigten Arbeiten wurden gewöhnliche Stemmeisen mit einer Blattbreite zwischen 5 und 20 mm verwendet. Feinere Stemmeisen heißen auch Stecheisen oder Stechbeitel.

2 SCHNITZEISEN

Schnitzeisen, auch Bildhauereisen genannt, treibst du durch Handdruck oder mit einem Knüpfel. Es gibt über 900 verschiedene Formen und Größen. Unter anderem werden sie nach der Klingenform unterschieden. Hohleisen sind die gebräuchlichsten Bildhauereisen. Ihre gewölbten Schneiden lassen Holzoberflächen entstehen, die aussehen wie gehämmertes Metall. Geißfüße haben eine v-förmige Schneide. Sie sind vor allem für feine Linien und Schriften gedacht. Gekröpfte Eisen sind Eisen mit gebogener Klinge. Sie eignen sich besonders gut für Vertiefungen, zum Beispiel wenn du eine Schale schnitzen möchtest.

3 KNÜPFEL

Der Knüpfel, auch Klipfel, Klüpfel oder Klöpfel genannt, ist ein Hammer, mit dem Bildhauer ihre Eisen treiben. Auffällig sieht der Hammerkopf aus: Er ist rund und erinnert an eine Glocke. Das Gute an der besonderen Form? Der Hammer muss zum Schlagen nicht in eine bestimmte Richtung gedreht werden. Er trifft immer! Außerdem ist die Schlagfläche sehr groß und liegt durch ihre leicht kegelartige Form in einer Achse mit deinem Handgelenk. Der klassische Knüpfel wird aus Weißbuche, einem der härtesten einheimischen Hölzer, hergestellt. Neuere Knüpfel können auch einen Kopf aus Messing oder Kunststoff haben.

4 BILDHAUER- ODER HOBELBANK

Zum Holzbildhauern musst du dein Werkstück einspannen können. Die Bildhauer- oder Hobelbank ist eine stabile schwere Werkbank mit verschiedenen Vorrichtungen zum Festspannen auch unregelmäßiger Holzstücke.

5 BANKHAKEN

Die Bankhaken dienen der Befestigung eines Werkstücks auf der Bildhauer- oder Hobelbank. Sie werden in die Löcher der Hobelbank versenkt und keilen so auch unförmige Werkstücke fest.

Die selbstgebauten Bankhaken aus Holz (siehe Seite 195, Foto Nr.) verhindern, dass dein Stemm- oder Schnitzeisen beschädigt wird, wenn mal ein Stich daneben geht.

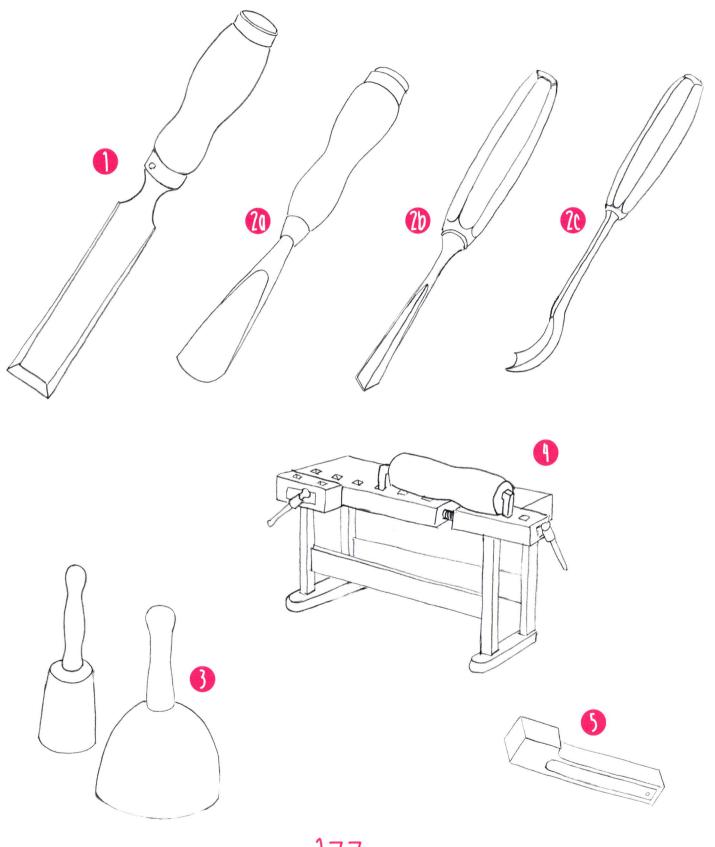

177

TECHNIK

Vom Prinzip her sind Schnitzen und Holzbildhauern das Gleiche. Bei beiden Techniken entsteht durch Abheben von Spänen eine Form. Allerdings wird beim Holzbildhauern das Stemm- oder Schnitzeisen mit einem Hammer getrieben. Du kannst also mehr Kraft aufwenden und größere Stücke bearbeiten.

- Beginne mit einer Zeichnung, um die grobe äußere Grundform deiner Figur festzulegen.
- Wähle ein von Größe und Faserrichtung passendes Stück Holz aus. Bruchgefährdete Tierbeine zum Beispiel sollten in der stabileren Längsrichtung des Holzes verlaufen.
- Übertrage deine Zeichnung gut sichtbar auf das Holz.
- Bevor du zu hämmern anfängst, musst du dein Holzstück sicher fixieren. Am besten mit Bankhaken auf einer Bildhauer- oder Hobelbank. Wie das geht, kannst du dir auf Seite 195 auf dem Foto Nr. ❶ anschauen. Das Werkstück darf beim Arbeiten nicht wegrutschen, umkippen oder federn.
- Du kannst dein Werkstück aber auch auf ein Balkenstück schrauben und dieses im Schraubstock fixieren. Wie das funktioniert, siehst du auf Seite 195 auf dem Foto Nr. ❷.
- Schraubzwingen wären eine Notlösung, da sie sich durch das Hämmern schnell lockern und immer wieder nachgezogen werden müssen.
- Sehr große und schwere Holzstücke kannst du in eine Sandkiste legen. Oder du fixierst sie mit Bauklammern* auf einem Hackklotz.

- Stehe in Schrittstellung hinter deinem Werkstück und setze die Schneide des Stemmeisens auf dein Holz. Schlage mit dem Knüpfel auf die Stirnseite des Stemmeisengriffs.
- Achte beim Hämmern darauf, nicht mit dem Handgelenk abzuknicken. Versteife dein Handgelenk, so als würdest du einen Gipsverband tragen, und lass den Schlag aus der Schulter kommen.
- Beim Hämmern schaust du auf die Schneide des Stemmeisens.
- Wenn du leicht schräg zur Faser arbeitest, schneidet das Stemmeisen am besten.
- Unterbrich deine Arbeit öfter und betrachte sie aus einigen Metern Abstand: Sie sollte rundum immer gleich weit ausgearbeitet sein. Dazu wirst du sie öfter drehen und umspannen müssen.
- Arbeite vom äußersten Punkt nach innen. Beim Gesicht ist das zum Beispiel die Nasenspitze.

HILFE, ES GEHT NICHT! WAS TUN?
- Dein Stemmeisen sollte scharf und gut geschliffen sein.
- Wenn es dir nicht gelingt, einen Span abzuschneiden, musst du möglicherweise den Einstellwinkel des Stemmeisens zum Werkstück ändern.
- Je steiler du das Eisen hältst, desto dicker wird der Span, je flacher, desto dünner.
- Versuche, kräftiger mit dem Hammer zuzuschlagen.
- Versehentlich abgeplatzte Stücke kannst du mit Holzleim wieder anleimen. Oder du arbeitest deine Figur im Ganzen einfach kleiner aus.

Deine Idee für eine Skulptur entwickelst du am besten mit Hilfe einer Zeichnung. Am Anfang ist es leichter, mit einer geschlossenen Form* zu beginnen. Diese kannst du auf einfache geometrische Grundkörper* zurückführen. So besteht beispielsweise ein Schneemann aus drei Kugeln übereinander, während sein Hut von einem länglichen Zylinder gebildet wird.

Verzichte schon bei deinem Entwurf auf komplizierte Details. Bei Tierfiguren konzentrierst du dich auf die charakteristischen Merkmale und die typische äußere Form. So erkennst du einen Stier oft schon an seinen Hörnern, einen Hasen an seinen langen Ohren und einen Igel an seiner Tropfenform.

Lass dich bei deinem Entwurf auch von der Wuchsform des Holzes inspirieren. Drehe und wende es in alle Richtungen. Was siehst du? Da wird aus einem gebogenen Ast eine Katze, die einen Buckel macht. Oder eine sitzende Figur? Du hast die Wahl!

SCHLEIFSTEIN-DOSE

MATERIAL

- Brett, mindestens 1,5 cm dick,
  etwa 20 cm lang
  (Maße richten sich nach der Größe des Steins)
- Scharnier und passende Schrauben
  (oder Stück alter Fahrradmantel,
  etwa 4 x 6 cm, 4 passende Nägel)

WERKZEUG

- Bleistift und Schleifstein (zum Maßnehmen)
- Japansäge
- Stemmeisen
- Knüpfel
- Bildhauer- oder Hobelbank
- Lineal
- Winkel
- Schraubendreher

Die maßgeschneiderte Dose dient der Aufbewahrung deines Schleifsteins. Natürlich lassen sich auch andere Dinge darin aufbewahren. Auf jeden Fall kannst du dich bei diesem Projekt gut mit dem Bildhauerwerkzeug vertraut machen. Beim Arbeiten wirst du merken, welche unterschiedlichen Auswirkungen die Faserrichtung des Holzes hat.

Und so geht's: Zeichne mit Bleistift, Winkel und Lineal die Mitte deines Brettes an und säge es auseinander. Die eine Hälfte wird der Dosenboden, die andere Hälfte der Dosendeckel. Lege den Schleifstein auf eine der Hälften und zeichne seine Umrisse an. Treibe das Stemmeisen senkrecht von oben in den Strich der Anzeichnung. Ziehe es wieder heraus und setze es erneut an.

Wenn du die Anzeichnung rundherum senkrecht von oben eingeschnitten hast, setzt du das Stemmeisen flach an und arbeitest mit der Faserrichtung in die Tiefe. Auf diese Art und Weise höhlst du das Brett vorsichtig aus.

Beginne immer mit dem Schnitt von oben. So kannst du in die Tiefe arbeiten, ohne dass dir ungewollt der Dosenrand ausbricht. Mit dem Dosendeckel verfährst du wgenauso. Dann verbindest du Dose und Deckel mit einem Scharnier. Du kannst natürlich ein fertiges Scharnier verwenden. Hier wurden jedoch ein Stück alter Fahrradmantel und ein paar Nägel verwendet. Dadurch entsteht ein elastisches Scharnier, das den Dosendeckel von alleine zuschnappen lässt.

TIPP

Achte beim Entwurf deiner Dose darauf, die kurzen Seiten quer zur Faser zu legen. Dann sind die mühsameren Seiten kurz und du hast weniger Arbeit.

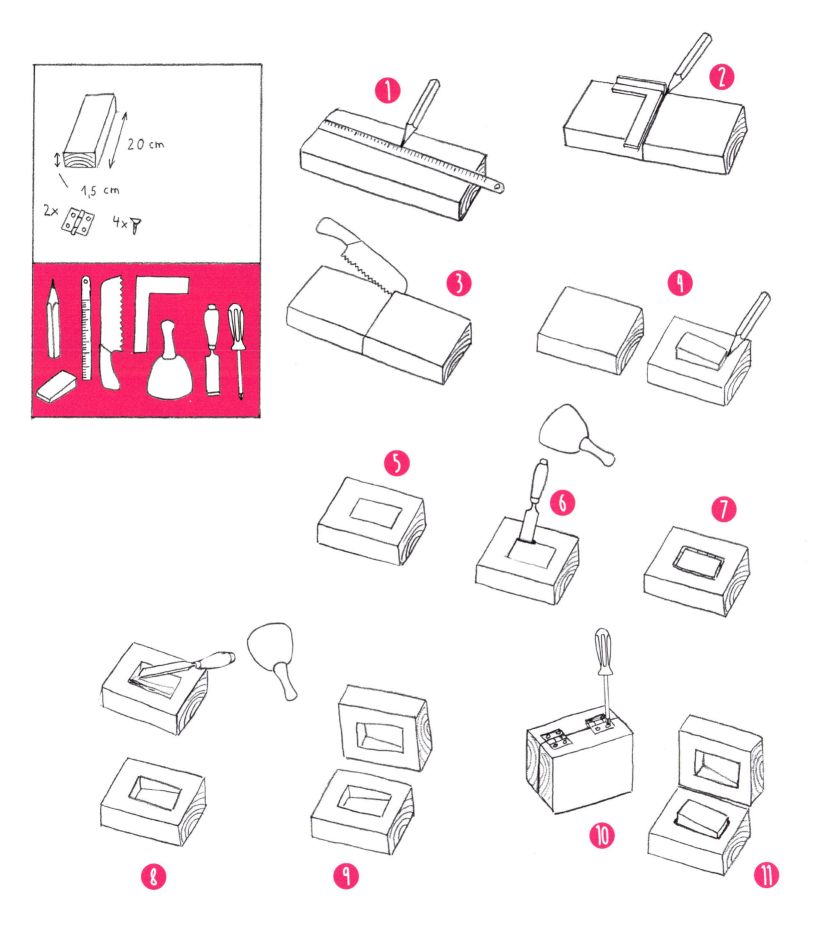

SCHIFF MIT LADERAUM

MATERIAL

- Schiffsrumpf: Balkenrest, etwa 7 cm breit, 20–30 cm lang
- Mast: 3 Aststücke, etwa daumendick, 20–30 cm lang
- Segel: Stoff, Schnur
- Kajüte: Holzreste
- Schüssel mit Wasser

WERKZEUG

- Stemmeisen
- Knüpfel
- Fuchsschwanz
- Bohrmaschine
- passende Bohrer
- Schraubstock (oder Bildhauer- bzw. Hobelbank)
- wasserfester Leim (oder Hammer und Nägel)
- Bleistift

Simon Wilhelm, 10 Jahre

Aus einem Balkenrest geschlagen, hat dieses Schiff einen ordentlichen Laderaum und ist garantiert seetüchtig. Wie immer, wenn du ein Schiff baust, beginnst du mit der Schwimmprobe: Dazu legst du das Holz ins Wasser und beobachtest, wie es schwimmt. Dein Schiff liegt perfekt im Wasser, wenn Deckoberkante und Wasserlinie parallel verlaufen.

Den Bug sägst du mit dem Fuchsschwanz aus. Genau wie bei der Dose für einen Schleifstein (siehe Seite 180) höhlst du den Laderaum mit einem Stemmeisen aus.

Die Kajüte kannst du aus Holzresten zusammennageln oder leimen. Bohre das Loch für den Mast und bringe Mast samt Segel an.

Prüfe noch einmal, wie dein Schiff im Wasser liegt. Vielleicht musst du Mast und Segel etwas einkürzen, bevor du den Mastfuß einleimst.

TIPP

Schlage eine kleine Krampe oben in den Bug. Daran kannst du eine Schnur als Ankerleine befestigen.

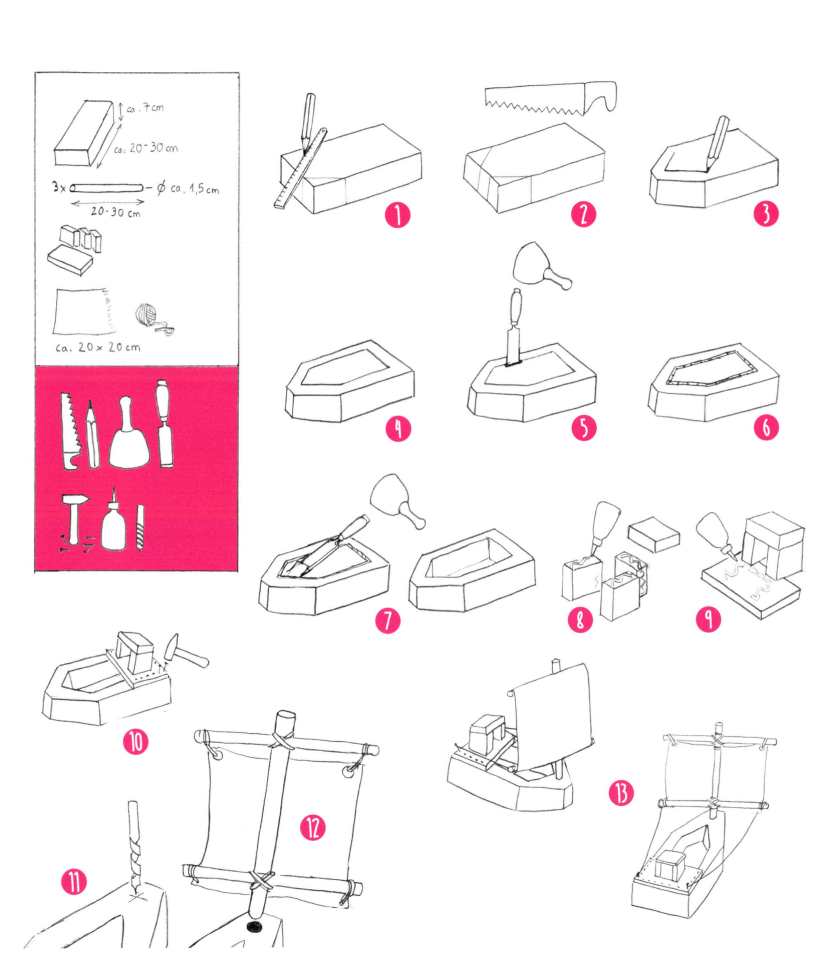

KNÜPFEL

MATERIAL
- Ast, Ø 6–12 cm, Länge etwa 25 cm, Hartholz (ideal wäre Weißbuche)

WERKZEUG
- Stemmeisen
- Knüpfel
- Japansäge
- eventuell Schnitzmesser, Raspel, Feile, Schleifpapier
- Bildhauer- bzw. Hobelbank
- Bleistift

Dein eigener Knüpfel! Bei diesem Projekt übst du, eine äußere Form zu bearbeiten. Gleichzeitig stellst du dein eigenes Werkzeug her.

Zuerst zeichnest du auf dem geschälten Ast die Form des Klüpfels an. Mit einer umlaufenden Linie legst du die Länge von Hammergriff und Hammerkopf fest. Auf eine der Stirnseiten zeichnest du den Querschnitt des Hammerstiels an.

Säge die umlaufende Linie etwa bis auf die Tiefe dieses Querschnittes ein. Nun kannst du das Stemmeisen von oben in die Stirnseite treiben, ohne dass unkontrolliert ein Span abplatzt. So arbeitest du den Hammergriff heraus. Das geht zügig, denn du arbeitest dabei mit der Faser.

Ob du den Hammerkopf so belässt oder ihm eine leicht schräge oder kugelige Form gibst, ist Geschmackssache. Wenn dein Hammer gut in der Hand liegt ist, er fertig.

Mit einem Schnitzmesser brichst du die Außenkanten des Hammerkopfes.

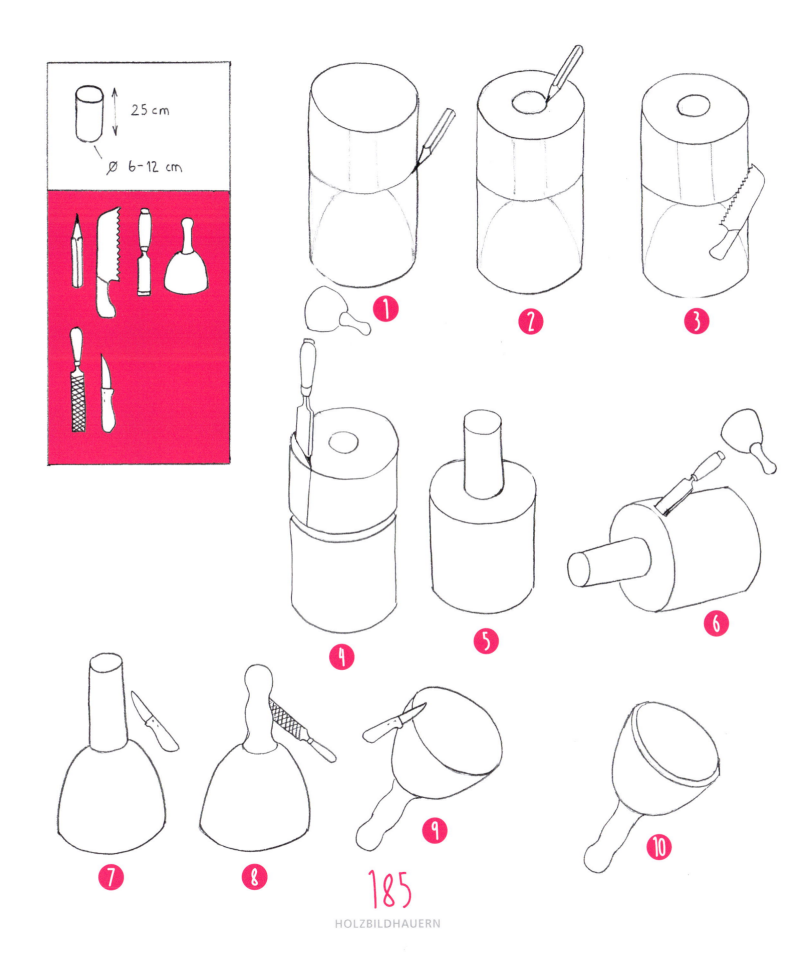

185

STIFTE-IGEL

MATERIAL
- Lindenast, Ø etwa 10 cm, 15–20 cm lang

WERKZEUG
- Stemmeisen
- Knüpfel
- Bohrmaschine
- Holzbohrer, 8–10 mm
- eventuell Raspel und Schnitzmesser
- Bildhauer- bzw. Hobelbank
- Bleistift

TIPP
Igelstacheln stehen nicht senkrecht vom Körper ab. Setze deine Bohrungen leicht schräg, dann wirken die Buntstiftstacheln natürlicher.

Welcher Igel hat rosa, grüne, blaue und gelbe Stacheln? Der Stifte-Igel! Mit ihm hast du alle deine Stifte immer griffbereit. Wenn du möchtest, kannst du zuerst die Rinde abschälen.

Dann rundest du mit Stemmeisen und Knüpfel eine Stirnseite des Lindenastes. Das wird der Igelhintern. Vielleicht ist das etwas schwierig, weil du gegen die Faser arbeiten musst. Wenn dir Raspeln leichter fällt, dann nimm zwischendurch ruhig immer wieder eine Raspel zur Hilfe. Ist das Hinterteil gerundet, zeichnest du die Igelschnauze an. Jetzt lässt sich das Stemmeisen leichter treiben, denn du arbeitest hauptsächlich mit der Faser. Überprüfe, ob dein Igel gut liegt. Sonst musst du die Bauchseite noch nacharbeiten. Nun bohrst du noch die Löcher für die Stifte – und malst deinem Igel Augen.

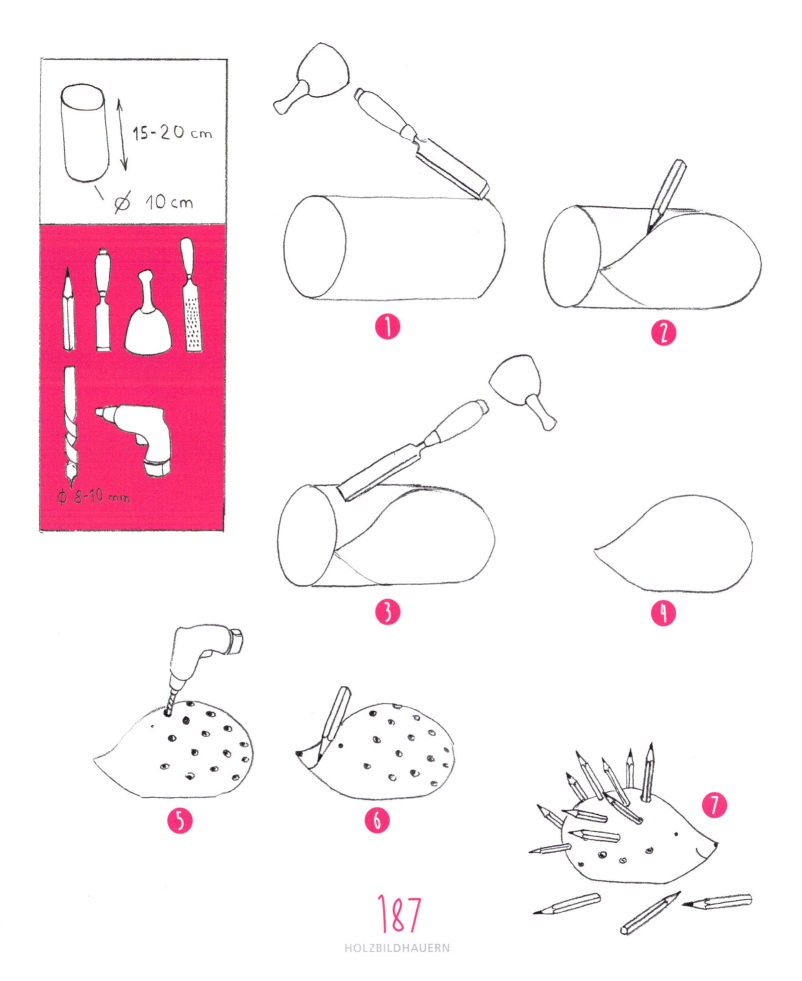

15-20 cm

Ø 10 cm

Ø 8-10 mm

① ② ③ ④ ⑤ ⑥ ⑦

187

SCHNEEMANN

MATERIAL
• Lindenast, Ø etwa 10 cm, etwa 30 cm lang

WERKZEUG
• Stemmeisen
• Knüpfel
• Japansäge
• Schnitzmesser
• Bildhauer- oder Hobelbank
• Bleistift

Dieser Schneemann schmilzt nie. Du kannst ihm sogar eine Kerze auf den Hut setzen. Zeichne auf dem geschälten Ast den Schneemann an. Wie beim Schnitzen verwendest du dafür umlaufende Linien. Mehr dazu findest du auf Seite 47. Die umlaufenden Linien sägst du ein. So hast du eine Kante, gegen die du das Stemmeisen treiben kannst. Beginne mit dem Hut und der Hutkrempe. Ist die Hutkrempe sehr dünn, musst du vorsichtig arbeiten, damit sie dir nicht ausbricht. Anschließend rundest du die einzelnen Kugeln.

Heike, 12 Jahre

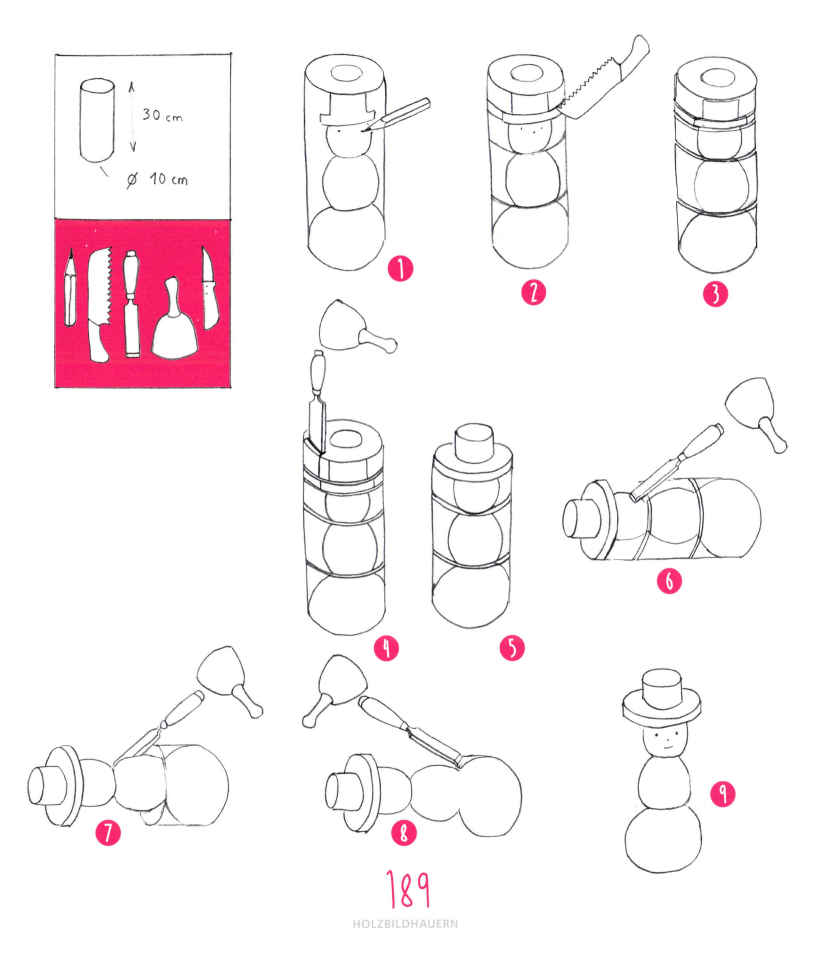

30 cm

Ø 10 cm

① ② ③ ④ ⑤ ⑥ ⑦ ⑧ ⑨

189

PINGUIN

MATERIAL
- Lindenast, Ø 8–10 cm, 25–28 cm lang
- Schnabel: Lindenast, etwa daumendick, 6–9 cm lang

WERKZEUG
- Stemmeisen
- Knüpfel
- Schraubstock oder Bildhauer- bzw. Hobelbank
- Japansäge
- eventuell Raspel, Feile, Schleifpapier
- Holzleim
- Leimspachtel
- Schnitzmesser
- Bohrmaschine
- passender Bohrer
- Bleistift

Keine Sorge, diesen Pinguin musst du nicht im Kühlschrank aufbewahren. Denn er fühlt sich auch auf deinem Fensterbrett sehr wohl. Betrachte dein geschältes Holz von allen Seiten. An welcher der beiden Stirnseiten soll der Kopf sitzen? Beginne hier, den Pinguinkopf zu runden. Dazu musst du dein Stemmeisen quer zur Faser treiben. Wenn das zu schwierig für dich ist, kannst du zum Runden eine Raspel benutzen. Anschließend zeichnest du deinen Pinguin mit Bleistift an. Verwende für den Hals eine umlaufende Linie (siehe Seite 47). Diese sägst du etwa 5 mm tief ein. So hast du eine Kante, gegen die du dein Stemmeisen treiben kannst, um Nacken, Rücken, Kinn und Bauch herauszuarbeiten. Den Schnabel schnitzt du mit einem Schnitzmesser aus einem dünnen Lindenast und leimst ihn an. Wenn du für die Leimung vorher ein Loch bohrst, hält sie besser.

Jana, 10 Jahre

TIPP
Wenn du ein Holzstück mit ovalem Querschnitt verwendest, ist es leichter, den Pinguinschwanz herauszuarbeiten.

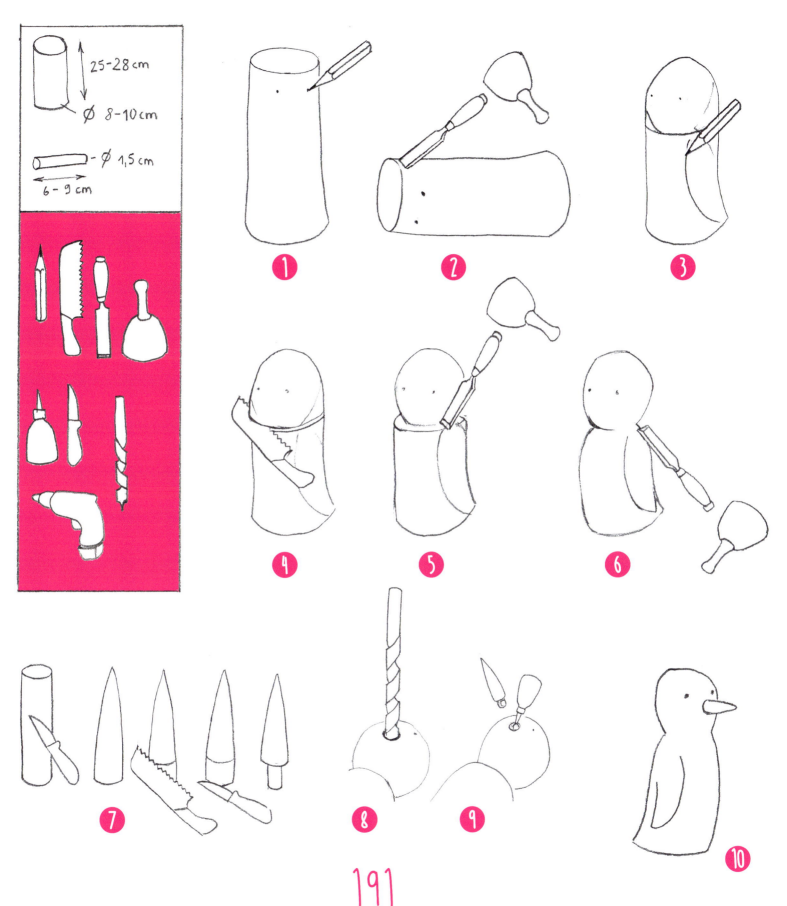

25–28 cm

∅ 8–10 cm

∅ 1,5 cm

6–9 cm

1

2

3

4

5

6

7

8

9

10

191

IDEEN ÜBER IDEEN...

192
HOLZBILDHAUERN

193

TIPPS AUS DER PRAXIS

Das Wichtigste beim Holzbildhauern ist, dass das zu bearbeitende Werkstück sicher und fest eingespannt wird. Erst dann ist Holzbildhauern eine Technik, die Kinder sehr gut selbstständig ausführen können. Deswegen eignet sie sich gut für Gruppenarbeit und motorisch aktive Kinder.

- Anders als beim Schnitzen kann man sich hier während des Arbeitens nicht schneiden, da beide Hände Werkzeug halten.
- Als Hammer sollte unbedingt ein Knüpfel verwendet werden. Mit dem Knüpfel treffen auch Ungeübte das Schnitzeisen sicher. Ein normaler Hammer hat eine viel zu kleine Schlagfläche, er beschädigt das Heft und führt beim Danebenschlagen zu schmerzhaften Verletzungen. Auch ein Gummihammer ist keine Notlösung, er federt zu sehr und bringt nicht genügend Vortrieb.
- Viele Kinder finden es sehr befreiend, mit dem Knüpfel richtig zuschlagen zu dürfen. Vor allem Jungen lieben es, ihre Muskeln spielen und die Späne fliegen zu lassen.

- Holzbildhauern ist insbesondere für Kinder geeignet, die genügend Kraft aufbringen, um das Eisen mit einem Knüpfel zu treiben. Dies lässt sich nicht an einer Altersgrenze festmachen, sondern ist eher eine Frage der Konstitution und Muskelkraft. Durch Auswahl eines kleineren und leichteren Knüpfels und eines kleinen Eisens kann man nicht so kräftigen Kindern aber sehr gut entgegenkommen. Auch besteht die Möglichkeit, das Eisen einfach mit beiden Händen zu treiben, ohne Knüpfel.
- Wir unterbrechen gelegentlich die eifrigen Holzbildhauer, drehen das Werkstück und nutzen die Pause, um gemeinsam die Skulptur mit einigen Metern Abstand von allen Seiten zu betrachten.
- Nach etwa ein bis zwei Stunden sind auch die Enthusiasten erschöpft.
- Für die im Buch gezeigten Arbeiten haben die Kinder etwa sechs bis acht Kursstunden benötigt.
- Holzbildhauerei lässt sich sehr schön unter freiem Himmel betreiben. So kann ein großer liegender Stamm im Wald von mehreren Kindern gemeinsam bearbeitet werden, wenn diese genügend Abstand zueinander halten.

194

Der Idealfall: Das Werkstück wird in der Hobelbank eingespannt.

Das Werkstück wird auf ein Stück Balken geschraubt.

Hier wird das Werkstück direkt in den Schraubstock gespannt.

So werden zwei Baumstämme zur Werkbank. Sie werden mit einer Bauklammer zusammengehalten. Der Ast dient als Anschlag

Auch eine Palette oder eine Bank kann zur Werkbank werden.

ANHANG

SICHERHEITSHINWEISE

SCHARFE SCHNEIDEN

- Die Schneiden deiner Werkzeuge müssen scharf sein, damit du sie ohne großen Kraftaufwand führen kannst.
- Prüfe die Schärfe der Schneiden niemals mit dem Finger, sondern immer mit einem Stück Papier. Mehr dazu findest du auf Seite 206.
- Werkzeuge mit scharfen Schneiden verwahrst du nach der Benutzung in sicheren Hüllen oder Haltern.
- Mit einem scharfen Werkzeug in der Hand, darfst du nicht rennen. Du könntest stürzen und dich dabei verletzen.
- Vermeide beim Arbeiten mit scharfen Schneiden weit ausholende und fuchtelnde Bewegungen.
- Sorge beim Arbeiten mit scharfen Schneiden für sicheren Stand oder stabilen Sitz.
- Lenke andere Kinder, die mit scharfen Schneiden arbeiten, nicht ab. Schubse oder erschrecke sie nicht.
- Arbeite aufmerksam und konzentriert.
- Wenn du mit dem Werkzeug noch nicht vertraut bist, lass dir dessen Benutzung von einem erfahrenen Erwachsenen zeigen.

BENUTZUNG ELEKTRISCHER MASCHINEN

- Das Arbeiten mit elektrischen Maschinen ist bei sachgerechtem und sorgsamem Umgang nicht gefährlich. Allerdings können Unfälle in Folge von Unachtsamkeit sehr ernste Folgen haben.
- Bist du mit einem elektrischen Werkzeug noch nicht vertraut, lass dir dessen Benutzung von einem erfahrenen Erwachsenen zeigen und übe mit diesem gemeinsam. Übe vor allem das Ausschalten der Maschine!

Bevor du die Maschine einschaltest:
- Binde lange Haare zusammen.
- Lege Schmuck wie Uhren, Ringe, Armbänder und Ketten ab. Sorge auch dafür, dass Teile deiner Kleidung nicht von der Maschine erfasst werden können.
- Überprüfe, ob dein Werkstück wirklich sicher fixiert ist.
- Überprüfe, ob Bohrer oder Sägeblatt sicher und fest eingespannt sind.
- Arbeite ruhig und aufmerksam.

Bei auffälligen Maschinengeräuschen schaltest du die Maschine sofort aus und erkundest die Ursache. Lass dir dabei von einem Erwachsenen helfen. Manchmal bricht ein Bohrer oder Sägeblatt ab.

STAUB

- Grundsätzlich: Vermeide, Staub einzuatmen.
- Bei allen im Buch gezeigten Arbeiten wurde nur von Hand geschliffen. So blieb die Staubentwicklung erträglich.
- Das Einatmen von Staub kannst du verringern, wenn du im Freien oder in gut belüfteten Räumen arbeitest.
- Säge- und Schleifstaub solltest du mit dem Staubsauger oder einem feuchten Tuch beseitigen. Beim Kehren wird dieser nur unnötig aufgewirbelt.
- Span- und MDF-Platten solltest du nicht in großen Mengen schleifen, raspeln oder sägen. Denn der dabei entstehende Staub ist, in größeren Mengen eingeatmet, ungesund.

198

GRUNDAUSSTATTUNG WERKZEUG

Als Grundausstattung für ein Kind, das mit Holz werken möchte, empfehlen wir folgendes Werkzeug:

- 1 Schnitzmesser
- 1 Japansäge Kataba* Mini
- 2 Schraubzwingen
- 1 Flasche Holzleim (100 g)
- 1 Satz Holzbohrer (3–12 mm)
- 1 Bohrmaschine (Handbohrmaschine oder Bohrwinde)
- 1 Hammer (200 g)
- verschiedene Nägel
- 1 Kneifzange
- 1 Halbrundraspel (diese sind am vielseitigsten einsetzbar, sowohl für Rundungen als auch für plane Flächen)
- Schleifpapier 80er, 120er, 220er Körnung (kann die fehlende Feile ersetzen)

Säge und Raspel sollten Sie neu kaufen. Nur dann sind sie wirklich scharf. Achten Sie unbedingt auf gute Qualität. Das andere Werkzeug können Sie, wenn es gut gepflegt und in Ordnung ist, bedenkenlos gebraucht erwerben.

Schaffen Sie unbedingt eine geeignete Aufbewahrungsmöglichkeit für das Werkzeug Ihres Kindes. Nur Werkzeug, das korrekt verwahrt werden kann, bleibt gepflegtes Werkzeug.

Entwickelt sich Ihr Kind zum begeisterten Holzwerker? Dann empfiehlt sich folgende Erweiterung:

- 1 Schraubstock
- 1 Rundraspel
- 1 Halbrundfeile
- 1 Akkuschrauber (kann sowohl als Bohrmaschine als auch zum Schrauben verwendet werden)
- 1 Laubsäge
- zusätzliche Schraubzwingen

ARBEITSPLATZ

Vielleicht gehören Sie ja zu den Glücklichen, die eine Werkbank zu Hause haben. Diese bietet natürlich einen perfekten Arbeitsplatz für Ihr Kind. Ansonsten leistet ein stabiler schwerer Tisch genauso gute Dienste. Er sollte so schwer bzw. gut befestigt sein, dass Ihr Kind beispielsweise beim Raspeln mit aller Kraft schieben kann, ohne dass der Tisch dabei durch den Raum hüpft.

Die Arbeitsfläche sollte sich etwa auf Hüfthöhe Ihres Kindes befinden und nicht federn. Meist genügt schon eine Arbeitsfläche, die etwa DIN A2 groß ist. Sie sollten immer damit rechnen, dass Ihr Kind aus Versehen in die Arbeitsplatte bohrt oder sägt und deswegen eine Fläche auswählen, bei der dies kein Problem ist.

Kinder fühlen sich in ihrer Arbeit besonders wertgeschätzt, wenn sie einen Arbeitsplatz haben, der ausschließlich für sie reserviert ist. Dort darf ihre Arbeit in Ruhe über Nacht trocknen oder auf Fortsetzung warten.

WERKZEUGAUSSTATTUNG FÜR GRUPPEN

Wenn Sie Werkzeug für Gruppen oder Schulklassen erwerben möchten, sollten Sie zuerst überlegen, wie Sie mit den Kindern arbeiten wollen.

Bearbeiten alle Kinder das gleiche Projekt und gehen Sie dabei gemeinsam Schritt für Schritt vor, benötigen alle Kinder zur gleichen Zeit das gleiche Werkzeug.

Bearbeiten die Kinder unterschiedliche Projekte, ist dies nicht nötig. Auch bei Arbeiten in Stationen benötigen Sie entsprechend weniger Werkzeug.

Deshalb finden Sie hier zwei getrennte Listen für eine Basis-Ausstattung mit Werkzeug. Dabei gehen wir von einer Gruppenstärke von acht Kindern aus.

BASIS-AUSSTATTUNG (ACHT KINDER)

Gemeinsames Schritt-für-Schritt Arbeiten:
- 8 Schraubstöcke
- 8 Japansägen Kataba Mini
- 1 Fuchsschwanz
- 16 Schraubzwingen
- 8 Halbrundraspeln
- 8 Hämmer (200 g)
- verschiedene Nägel
- 8 Bleistifte
- 8 Lineale
- 8 Winkel
- Schleifpapier (80er, 120er, 220er)
- 8 Handbohrmaschinen oder Bohrwinden
  Oder eine Ständerbohrmaschine für alle!)
- 8 Bohrersätze (3–12 mm)
- 8 Flaschen Holzleim (100 g)
- 3 Kneifzangen

Arbeiten in Einzelprojekten / Stationen:
- 8 Schraubstöcke
- 5 Japansägen Kataba Mini
- 1 Fuchsschwanz
- 10 Schraubzwingen
- 3 Halbrundraspeln
- 3 Hämmer (200 g)
- verschiedene Nägel
- 8 Bleistifte
- 4 Lineale
- 2 Winkel
- Schleifpapier (80er, 120er, 220er)
- 3 Handbohrmaschinen oder Bohrwinden

- 1 Bohrersatz (3–12 mm)
- 1 Flasche Holzleim (500 g)
- 3 Kneifzangen

Eine sinnvolle Erweiterung könnte so aussehen:
- 1 Akkuschrauber (nur einer, da Sie die Benutzung beaufsichtigen müssen)
- 1 elektrische Stichsäge (nur eine, da Sie die Benutzung beaufsichtigen müssen)

- 8 Laubsägen
- 8 Rundraspeln
- 8 Halbrundfeilen
- 1 Kombizange
- 1 Spitzzange
- 1 Eisensäge
- zusätzliche Schraubzwingen

- 3 Laubsägen
- 3 Rundraspeln
- 3 Halbrundfeilen
- 1 Kombizange
- 1 Spitzzange
- 1 Eisensäge

- 1 Satz Lochsägeblätter (nur wenn Sie eine Ständerbohrmaschine haben; nur einen Satz, da Sie die Benutzung beaufsichtigen müssen)
- 1 Satz Forstnerbohrer (nur wenn Sie eine Ständerbohrmaschine haben; nur einen Satz, da Sie die Benutzung beaufsichtigen müssen)

Sie erleichtern sich und den Kindern das Arbeiten, wenn das Werkzeug einen festen Aufbewahrungsplatz hat. Werkzeughalterungen können Sie mit dem Werkzeug zusammen kaufen oder selber bauen. Sägen, Raspeln und Feilen sollten so verwahrt werden, dass ihre Zähne nicht aneinanderreiben können. Sonst werden sie stumpf. Besonders praktisch sind Aufbewahrungen, bei denen Sie mit einem Blick erkennen können, wenn etwas fehlt (siehe Seite 134).
Ein gut sortierter Verbandskasten sollte in keiner Werkstatt fehlen.

GLOSSAR

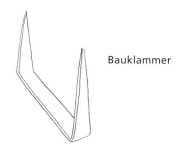
Bauklammer

ABZIEHSTEIN / SCHÄRFSTEIN

Einen Abziehstein, auch Schärfstein oder Schleifstein genannt, brauchst du zum Schärfen und Polieren von Werkzeugschneiden.

Abziehsteine werden aus Natursteinen oder synthetisch hergestellten Steinen gefertigt. Es gibt sie in unterschiedlichen Körnungen. Die Körnung gibt die Feinheit des Schleifmittels an. Je größer die Körnung, desto feiner der Stein. So verwendet man Steine mit 80er bis 220er Körnung zum groben Schrubben von ausgebrochenen Stellen, Steine mit 800er bis 2000er Körnung zum Schärfen und Steine ab einer 3000er Körnung zum Abziehen und Polieren.

BAUKLAMMER

Eine Bauklammer ist ein u-förmiger Eisenhaken mit zwei spitzen Enden. Diese Enden werden mit einem Hammer in das Holz geschlagen und dienen so der raschen Fixierung von Holzstücken. Zimmerleute sichern mit ihnen zum Beispiel Balken vor dem Verrutschen. Auf Seite 195 kannst du sehen, wie du mit einer Bauklammer eine improvisierte Werkbank bauen kannst.

Belgischer Brocken

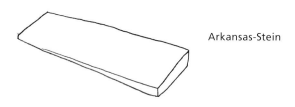
Arkansas-Stein

ARKANSAS-STEIN

Der Arkansas-Stein gilt als der feinkörnigste natürliche Abziehstein. Bei ihm wird als Schleifflüssigkeit* Öl verwendet. Das hat zwei Vorteile: Eine leicht gefettete Klinge schneidet leichter als eine trockene. Außerdem rostet sie nicht so schnell.

BELGISCHER BROCKEN

Der Belgische Brocken ist ein Naturschleifstein, der schon bei den alten Römern bekannt war. Bei ihm wird als Schleifflüssigkeit* Wasser verwendet.

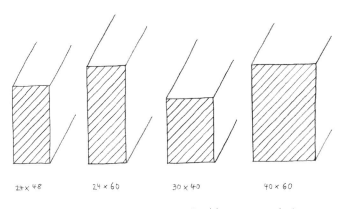

24 x 48   24 x 60   30 x 40   40 x 60

Dachlattenquerschnitte

DACHLATTEN

Dachlatten sind Holzlatten, die auf den Trägern einer Dachkonstruktion befestigt werden. Auf ihnen werden die Dachziegel aufgelegt. Dachlatten haben einen rechteckigen Querschnitt und es gibt sie mit folgenden Maßen: 24 x 48 mm, 24 x 60 mm, 30 x 40 mm und 40 x 60 mm. Verwende keine gegrünten Dachlatten. Denn sie wurden mit einem chemischen Holzschutz versehen, der seit Februar 2012 unzulässig ist.

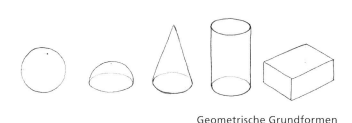

Geometrische Grundformen

GEOMETRISCHE GRUNDFORMEN

Geometrische Grundformen sind zum Beispiel Kugel, Halbkugel, Kegel, Quader und Zylinder.

GESCHLOSSENE FORM

Eine geschlossene Form ist eine kompakte einfache plastische Form ohne tiefe Höhlungen oder weit in den Raum abstehende Teilformen. Eine Kugel oder ein Ei sind ideale geschlossene Formen.

HARTHOLZ / WEICHHOLZ

Die Einteilung der Hölzer in Hart- oder Weichholz kann sehr verwirrend sein. Sie bezeichnet nämlich nicht, ob ein Holz hart oder weich ist, sich also schwer oder leicht bearbeiten lässt, sondern die Struktur seiner Faserzellen.

Danach werden alle Laubbäume als Hartholz und Nadelbäume als Weichholz bezeichnet. So zählt Lindenholz, obwohl es sehr weich ist und sich wunderbar bearbeiten lässt, zu den Harthölzern. Denn die Linde ist ein Laubbaum. Und sogar Balsaholz, ein in der Verarbeitung extrem weiches Holz, wird als Hartholz bezeichnet.

Ob sich ein Holz leicht oder schwierig bearbeiten lässt, hängt davon ab, wie es gewachsen ist. Schnell gewachsenes Holz lässt sich gut, langsam gewachsenes Holz schwerer bearbeiten. So kannst du das Holz einer Kiefer aus dem wärmeren Mitteleuropa besser verarbeiten als das Holz einer Kiefer aus dem kalten Norden.

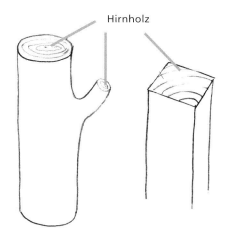

Hirnholz

HIRNHOLZ

Hirnholz ist die Querschnittsfläche von einem Holzstück, also die Stirnfläche quer zur Faser. Bei einem abgesägten Baumstamm kannst du im Hirnholz die Jahresringe schön erkennen. Hirnholzstellen sind schwieriger zu bearbeiten als das Holz längs zur Faser.

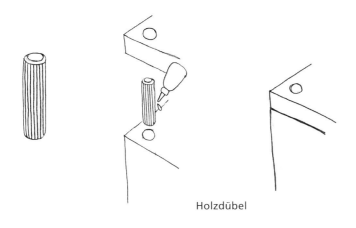

Holzdübel

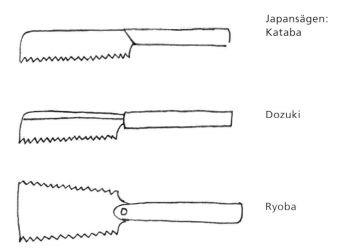

Japansägen:
Kataba

Dozuki

Ryoba

HOLZDÜBEL

Ein Holzdübel ist ein geriffelter Rundstab zum Verleimen zweier Holzteile mit Hilfe einer Bohrung. Holzdübel gibt es fertig zu kaufen. Sie sind aus Buchenholz. Als Größe wird ihr Durchmesser in Millimetern angegeben. Du kannst Holzdübel auch selbst aus jedem Rundstab oder Ast herstellen. Mit einem Holzdübel versteckst du außerdem eine versenkte Schraube: Dazu leimst du den Dübel in das Senkloch und sägst es exakt auf Höhe der Holzoberfläche ab.

HOLZKITT

Holzkitt ist eine cremige Paste, mit der du kleine Löcher, versenkte Schrauben oder Risse im Holz ausfüllen kannst. Nach dem Aushärten kannst du die gekitteten Stellen mit Schleifpapier schleifen und streichen.

KATABA

Die Kataba ist eine robuste Japansäge ohne Rückenverstärkung. Sie eignet sich für tiefe, lange und bündige Schnitte.

Japansägen werden nach der Form des Sägeblatts unterschieden. Neben der Kataba gibt es die Dozuki und die Ryoba. Die Dozuki hat eine Rückenverstärkung und hat damit eine begrenzte Schnitttiefe. Die Ryoba hat ein doppelseitiges Sägeblatt: die eine Seite für Sägeschnitte längs zur Faser, die andere für Sägeschnitte quer zur Faser.

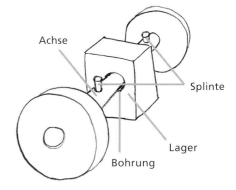

Achse

Splinte

Lager

Bohrung

LAGER

Ein Lager oder Achslager führt eine bewegliche Achse. Bei den in diesem Buch gezeigten Modellen sind die Lager meistens Bohrlöcher, durch die du die Achse steckst.

LEIMSPACHTEL

Mit einem Leimspachtel aus Lindenbast trägst du Holzleim auf und verstreichst ihn. Anders als ein Pinsel muss der Leimspachtel nicht nach jeder Benutzung sofort ausgespült werden. Außerdem kann er schnell in jede gewünschte Form gezupft werden.

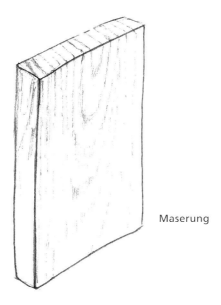

Maserung

MASERUNG

Die Maserung ist das Holzbild, das Muster des Faserverlaufes. Bei einem längs aufgeschnittenen Stamm und bei Brettern kannst du die Maserung sehr gut erkennen.

MESSER SCHÄRFEN

Die diagonal auf dem Stein liegende Messerklinge wird entweder in Längsrichtung hin und her geführt oder in kleine Kreisbewegungen über den Stein gezogen. Wichtig ist, dass die Schleiffase, also die Schräge der Schneide, plan auf der Steinfläche aufliegt.

Versuche den Kontakt zwischen Stein und Messerklinge möglichst gleich zu halten. Die Spur, die auf dem Schleifstein entsteht, und das Geräusch, was du erzeugst, helfen dir dabei. Messerschärfen ist zeitaufwendig und erfordert viel Geduld und Übung. Aber Übung macht den Meister!

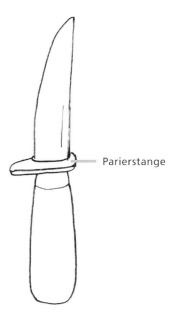

Parierstange

PARIERSTANGE

Die Parierstange ist das Querstück zwischen Griff und Klinge eines Messers. Wird das Messer gestoßen, soll sie verhindern, dass man mit der Hand vom Griff abrutscht und sich an der Klinge schneidet. Jagdmesser haben Parierstangen. Beim Schnitzen ist diese jedoch oft hinderlich.

Plattenmaterial

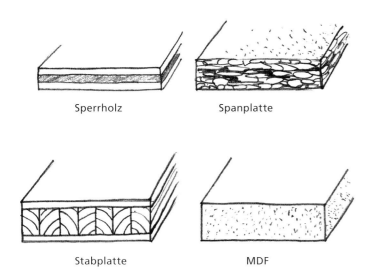

Sperrholz

Spanplatte

Stabplatte

MDF

PLATTENMATERIAL

Wir verwenden das Wort Plattenmaterial als Sammelbegriff für alle industriell hergestellten Holzplatten: Sie können entweder aus dünnen Holzschichten (Sperrholz), Holzspänen (Spanplatten), Holzleisten (Stabplatten) oder Holzfasern (MDF) hergestellt werden. Früher wurden Span- oder MDF- Platten mit einem Kleber verleimt, der Formaldehyd enthielt. Formaldehyd ist krebserregend und giftig. Inzwischen haben viele Hersteller die Inhaltsstoffe des Klebers verändert. Da du einer solchen Platte den verwendeten Kleber jedoch nicht ansehen kannst, sollest du dieses Material möglichst wenig schleifen, raspeln oder sägen.

RATTERN

Rattern heißt das Geräusch, das entsteht, wenn dein Werkstück bei der Bearbeitung vibriert.

RUNDHOLZ / RUNDSTAB

Als Rundholz oder Rundstab wird eine Holzleiste mit Kreisquerschnitt bezeichnet. Der Durchmesser dieses Kreisquerschnittes dient als Größenangabe. Er wird meist in Millimetern angegeben. Rundhölzer kannst du im Baumarkt oder Bastelbedarf kaufen.

SÄGERAU

Sägerau sind Bretter oder Balken, wenn sie ohne weitere Oberflächenbehandlung direkt aus dem Sägewerk kommen. Sägeraues Holz ist günstiger als weiterbehandeltes Holz. Allerdings solltest du bei seiner Verarbeitung zum Schutz vor Splittern Handschuhe tragen.

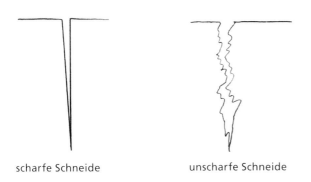

scharfe Schneide   unscharfe Schneide

SCHÄRFE VON SCHNEIDEN PRÜFEN

Die Schärfe von Schneiden prüfst du mit einem Stück Papier. Halte dazu das Papier straff mit einer Hand zwischen Daumen und Ringfinger sowie zwischen Zeige- und Mittelfinger in die Luft. Mit der anderen Hand führst du deine Schneide. Gleitet deine Schneide dabei leicht und ohne Widerstand durch das Papier und entsteht dabei ein sauberer, glatter Schnitt, ist deine Schneide scharf. Teilt deine Schneide das Papier nur mühsam und wirkt der dabei entstehende Schnitt rupfig, ausgefranst, so ist deine Schneide unscharf. Sie muss geschliffen werden.

Das alles kannst du im Film sehen.

SCHLEIFFLÜSSIGKEIT

Beim Abziehen trägt der Schleifstein sehr feine Stahlpartikel vom Werkzeug ab. Die Schleifflüssigkeit spült diese weg. Als Schleifflüssigkeit kannst du je nach Steinart Wasser oder Öl verwenden.

SCHWEMMHOLZ

Schwemmholz ist Holz, das an den Ufern eines Flusses, Sees oder am Meeresstrand angespült wird.

SPERRHOLZPLATTE

Sperrholzplatten sind Holzplatten, die aus mindestens drei gegeneinander versetzt geleimten Holzlagen bestehen. Versetzt bedeutet, dass die Holzlagen mit ihrem Faserverlauf jeweils senkrecht aufeinander verleimt werden. Die Anzahl der Holzlagen ist dabei stets ungerade. Die Eigenschaften des Sperrholzes hängen von der Anzahl der Holzlagen, der Holz- und der Verleimungsart ab. So ist Pappelsperrholz sehr weich, leicht, hell und preiswert. Es hat eine kaum sichtbare Maserung und ist vor allem für Kinder gut zu sägen. Buchensperrholz ist dafür stabiler. Es ist dunkler, härter und zäher als Pappelsperrholz und lässt sich schwerer sägen. Nadelsperrholzplatten haben eine deutlich sichtbare Maserung und oft nur eine ansehnliche Seite.

WASSERFEST VERLEIMTES SPERRHOLZ

Die Beständigkeit von Sperrholz richtet sich nach der seiner Verleimung. Wasserfest verleimtes Sperrholz wurde wasserbeständig verleimt. Wasserfest verleimtes Sperrholz gibt es in unterschiedlichen Güteklassen. So ist Bootsbausperrholz besonders beständig. Darüber hinaus gibt's auch kochfestes, seewasserfestes und tropenfestes Sperrholz.

DANKSAGUNG

So viele Menschen haben auf ganz unterschiedliche Weise zu diesem Buch beigetragen. Ihnen allen gilt unser Dankeschön.

So danken wir Jutta Müller, die unsere erste Kunstlehrerin war. Die Wertschätzung, mit der sie die Arbeiten aller Kinder begleitet hat, inspiriert uns bis heute.

Wir danken unseren Eltern, Gerda und Hans-Günter Rittermann, die uns gezeigt haben, dass man fast alles selber bauen kann.

Wir danken Heike und Michael Rittermann für ihre beständige Unterstützung.

Bruno Rittermann danken wir für sein zuverlässiges Zu-Hilfe-Eilen. Und für seine Geduld und charmante Effizienz dabei.

Hermann und Ludwig Plass danken wir für ihren Feuereifer und ihren Einfallsreichtum.

Wir danken dem Friedrich-Eugens-Gymnasium Stuttgart für die freundliche Unterstützung der Holzwerkstatt, vor allem Herrn Martin Dupper und Frau Hildegard Langsch. Ganz besonders möchten wir den Kindern aus der Holzwerkstatt danken: Alexander, Daniel, Heike, Jan, Jana, Kianusch, Maksim, Patrich, Paul, Paula, Raman, Raoul, Peter, Rosalie, Tobias, Tomislav, Victor und York – vielen Dank für euren Enthusiasmus und eure wunderbaren Ideen!

In Nonnevitz auf Rügen danken wir Hans-Peter von Bahder, genannt Fuchs, für den Bau einer stabilen Bank mitten im Wald (siehe Seite 14), die unsere Werkbank wurde.

Wir danken Franziska von Bahder und Ralf Lange sowie der Firma Garten-und Landschaftspflege Claus-Dieter Niebrügge, Garz auf Rügen, die dafür sorgten, dass wir das Holz einer uralten Linde zum Schnitzen verwenden durften.

Ein dickes Dankeschön an alle Kinder der Schnitzkurse von Nonnevitz: Arne Paul, Benjamin, Bruno, Carolina, Dominik, Hermann, Hermine, Henriette, Konrad, Ludwig, Masa, Nicole, Nils, Rudi, Sonja, Suvi, Tanne, Yayoi und Zia. Danke für euren Eifer und Einfallsreichtum!

Wir danken Leonard Webersinke, Sabine Webersinke und Minne Schlag für Ermutigung, Kritik und wertvolle Hinweise. Und Inken Barz für ihre wunderbaren Ideen.

Sebastiaan Driel von der Gartenbaufirma Van der Tol bv, NL-Amsterdam danken wir für seine freundliche Fotoerlaubnis.

Ein großes Dankeschön geht an alle Kinder vom „Het Kinderatelier" in Amsterdam, ganz besonders an: Arie, Floor, Hermann, Julie, Koen, Lasse, Lou, Ludwig, Mink, N'zinga und Virginia. Danke für eure Schaffenslust und eure Fantasie! Auch bei den Kindern von der Grundschule „De Catamaran" in Amsterdam bedanken wir uns herzlich, vor allem bei Boris.

Wir danken Walter van Broekhuizen und Anik See aus Amsterdam für das Ausleihen ihres Computers, technische Hilfeleistungen aller Art, die zahlreichen Materialspenden und das fürsorgliche Bekochen.

Ob am Telefon oder am Küchentisch, für Kritik und Erfahrungsaustausch, Expertenrat, Inspiration und positive Energie danken wir: Maria Huschak aus Halle/Saale, Annie Toop aus London, Lada Hrsak aus Amsterdam, Michael Abramjuk aus Berlin, David Rüegg und Maria Rüegg aus Bondo, Patrizia Guggenheim und Tobias Eichelberg und Federica, Luisa, Antonia und Virginia aus Bondo.

Zum Schluss möchten wir Heidi Müller und dem Team des Haupt Verlags für das Vertrauen, die Geduld und die Sorgfalt danken, durch die dieses Buch entstehen konnte.